FRIEDEMANN SCHULZ VON THUN

Erfülltes Leben

GOLDMANN

Buch

Wir leben nur einmal – und was zählt wirklich in diesem Leben? Friedemann Schulz von Thun hat ein anschauliches, leicht verständliches Modell entwickelt, um sich dieser Frage aus wissenschaftlicher Sicht zu nähern. Wir werden dazu angeregt, unser Leben aus fünf Blickwinkeln zu betrachten, zu würdigen und womöglich zu verändern. Das große Ganze setzt sich am Ende aus Wunscherfüllung, Sinnerfüllung, biografischer Erfüllung, Daseinserfüllung und Selbsterfüllung zusammen. Auf diese Weise können wir unsere eigene Biografie neu verstehen – wo sie gelungen ist und wo wir Enttäuschungen zu verkraften haben. Ein lebenskluges Buch, verständlich, persönlich, konkret.

Autor

Friedemann Schulz von Thun, Jahrgang 1944, gilt als einer der bekanntesten Psychologen im deutschsprachigen Raum. Sein Vier-Seiten-Modell, das auf der Annahme beruht, dass jede Äußerung sowohl vom Sender als auch vom Empfänger nach vier Aspekten hin interpretiert werden kann, gilt bis heute als Grundlage für viele Bereiche der Kommunikationswissenschaft. Er ist Gründer und Leiter des Schulz von Thun-Instituts für Kommunikation in Hamburg sowie Berater, Trainer und Herausgeber der Buchreihe *Miteinander reden: Praxis.*

Außerdem von Friedemann Schulz von Thun im Programm:

Die Kunst des Miteinander-Redens
(gemeinsam mit Bernhard Pörksen)

Friedemann Schulz von Thun

ERFÜLLTES LEBEN

Ein kleines Modell für eine große Idee

GOLDMANN

Alle Ratschläge in diesem Buch wurden vom Autor und vom Verlag sorgfältig erwogen und geprüft. Eine Garantie kann dennoch nicht übernommen werden. Eine Haftung des Autors beziehungsweise des Verlags und seiner Beauftragten für Personen-, Sach- und Vermögensschäden ist daher ausgeschlossen.

MIX
Papier | Fördert gute Waldnutzung
FSC® C014496

Penguin Random House Verlagsgruppe FSC® N001967

6. Auflage
Vollständige Taschenbuchausgabe August 2023

Neumarkter Straße 28, 81673 München
produktsicherheit@penguinrandomhouse.de
(Vorstehende Angaben sind zugleich Pflichtinformationen nach GPSR.)

Lizenzausgabe mit freundlicher Genehmigung der
Carl Hanser Verlag GmbH & Co. KG, München
Umschlag: UNO Werbeagentur, München,
nach einer Gestaltung von Anzinger & Rasp.
Satz: Satzwerk Huber, Germering
JS · CB
Druck und Bindung: GGP Media GmbH, Pößneck
Printed in Germany
ISBN 978-3-442-17982-4

www.goldmann-verlag.de

INHALT

1 EINFÜHRUNG

Wie auch immer die Verhältnisse hierzulande und auf der ganzen Welt sich entwickeln: Du und ich, wir haben nur unser Leben, unser Ein und Alles, das in seiner Besonderheit erkannt und gewürdigt sein will. Es ist der Rede wert und gewiss auch der Fürsorge.

»Sie (oder er) hatte ein erfülltes Leben!«, heißt es oft in Traueransprachen. Seitdem ich selbst gelegentlich die traurig-schöne Pflicht übernommen habe, solche Reden zu halten, denke ich darüber nach, unter welchen Umständen diese Aussage berechtigt ist. Hatte oder habe ich denn selbst ein erfülltes Leben? Was ist das überhaupt, woran macht man das fest? Ist es gleichbedeutend mit einem »glücklichen Leben«? Offenbar nicht ganz. Kann ein Leben auch »erfüllt« genannt werden, wenn es von großem Unglück überschattet war? Und wenn es jemandem gelingt, sich ein »feines Leben« zu machen, war es damit notwendig auch erfüllend? Worin liegt das Wesen der Erfüllung? Und kann ich dafür etwas tun, oder ist es eine Schicksalsfügung? Gibt es auch ein unerfülltes Leben? Etwa wenn jemand jung und »vor seiner Zeit« sterben musste? Oder kann auch ein langes Leben unerfüllt bleiben? Offenbar müssen wir auch das für möglich halten, denn die bedeutungsschwere Aussage, jemand habe ein erfülltes Leben gehabt, impliziert doch die Möglichkeit, dass es auch anders hätte ausgehen können.

Ich habe das »Erfüllte Leben!?« im Buchtitel ursprünglich mit einem Ausrufezeichen und einem Fragezeichen versehen wollen. Das Ausrufezeichen sagt: Ja, darum geht es – und das Glück ist die Erntefrucht eines erfüllten Lebens! Und das Fragezeichen sagt: Was ist das überhaupt? Nach welchen Kriterien kann ich das beurteilen, bekräftigen, infrage stellen, verneinen? Wodurch wird es gefördert, wodurch gefährdet? Um auf all diese Fragen Antworten zu finden, habe ich dreierlei getan. Erstens nachgedacht und die Gedanken anschließend sortiert. Zweitens auf mein eigenes bisheriges Leben geschaut und zurückgeschaut. Ich bin Jahrgang 1944, da kann ich schon etwas mitreden. Und drittens habe ich verfolgt, was andere kluge Geister dazu gesagt und geschrieben haben. Und wenn sie nicht nur klug, sondern auch weise waren, dann umso lieber.

Die Frage, was im Leben zählt, ist wahrlich nicht neu. Und der Wunsch, sich darüber Rechenschaft abzulegen, ist typisch menschlich – die Publikationen dazu sind unzählig. Ich habe nur einen minimalen Bruchteil davon gelesen. Was mich erreicht hat und womit ich etwas anfangen konnte, ist in das nachfolgende Modell mit seinen 4 + 1 = 5 Feldern eingeflossen. Dieses Denkmodell hilft mir selbst, mein eigenes Leben und das anderer mit fünf verschiedenen Brillen im Hinblick auf Erfüllung zu betrachten. Ich bin kein studierter Experte in Fragen der Lebensphilosophie. Aber die Kommunikationspsychologie verfügt über Modelle, die auch für dieses Lebensthema aussichtsreich sind. Und so versammeln sich in mir drei Autoren: der Lebenserfahrene fortgeschrittenen Alters mit seinen Erinnerungen, der Kommunikationspsychologe mit seinen Modellen und der ewige Lebenslehrling, der in Büchern sucht, was ihn weiterbringt. Mich ermutigt ein Satz von Hermann Hesse: *Es ist nicht meine Aufgabe, das objektiv Beste zu geben, sondern das Meinige so rein und aufrichtig wie möglich.*

Das »Meinige« wird in der Berufsausübung ohnehin unweigerlich wirksam und das »Deinige«, liebe Leserin, lieber Leser, ganz genauso. Als Seelsorger, Trainerin, Coach und Lebensberaterin bin ich wollend oder nicht wollend auf das angewiesen, was ich mein »existenzielles Credo« nenne. In diesen Rollen bin ich nämlich nicht nur wirksam mithilfe meiner Kenntnisse in Diagnose und Intervention, der Tools und Techniken, die zum professionellen Handwerkszeug gehören. Sondern ich wirke auch und nicht zuletzt als menschliches Gegenüber, als Partner einer existenziellen Begegnung, und meine Annahmen und Überzeugungen davon, worum es im Leben geht und was letztlich zählt, sind unweigerlich mit im Spiel, auf und zwischen den Zeilen. Und je mehr dieses existenzielle Credo durchdacht, durchfühlt und durchlebt ist, umso mehr Seelentiefe kann die Begegnung erreichen.

Kommt dieses Buch nicht zur Unzeit? Ist nicht der Individualismus schon genug ins Kraut geschossen? Sollte nicht, angesichts der horrenden Bedrohungslagen auf diesem Erdball, unser individueller Lebenslauf ein ganz zweitrangiges Thema werden? Wenn das Ganze auf dem Spiel steht, sollten wir der Rettung dienen und unser individuelles Glück zurückstellen, oder? Gewiss, das sollten wir, jedenfalls wenn wir »Glück« vor allem als etwas ansehen, was unser ganz persönliches Wohlsein betrifft. Ein »erfülltes Leben« wird sich aber als eines erweisen, das nicht nur das Ego und den lustvollen Genuss auf Erden zu steigern trachtet, sondern seine Würde und seine Erfülltheit auch dadurch gewinnt, dass es Aufgaben wahrnimmt, die dem Wohl des Ganzen dienen, von dem wir ein Teil sind. Und als Individuum haben wir alle nur unser eines, einziges und einmaliges Leben. Dieses Leben ist es wert, als etwas Wertvolles, ja als etwas Heiliges gewürdigt, ausgekostet, eingesetzt zu werden. Und wir leben nicht nur zum Wohle des Ganzen, sondern sind auch selbst Ganze, als Kinder einer Evolution, die Milliarden Jahre gebraucht hat, um uns hervorzubringen. Und wie unser rätselhaftes Gastspiel auf Erden verläuft und wie es ausgeht, das ist und bleibt ein großes Thema für jeden von uns, oder?

Auf Sie, liebe Leserin und lieber Leser, komme ich gleich noch einmal zurück. Aber vorher lasse ich schon einmal die Katze aus dem Sack und stelle das 4 + 1 = 5-Felder-Modell im Überblick vor. Sodann erhält jedes Feld ein eigenes Kapitel.

2 DAS 4 + 1 = 5-FELDER-MODELL DES ERFÜLLTEN LEBENS

Was also macht ein Menschenleben zu einem »erfüllten Leben«? Mir ist klar geworden, dass Lebenserfüllung auf sehr verschiedene Weise zustande kommen kann und dass dabei sehr verschiedene Lebensqualitäten hervorgebracht werden. Mein Denkmodell sieht fünf Felder vor – angeordnet als vier Felder in einem Quadrat und einem kreisrunden Feld in der Mitte, siehe Abb. 1. Die vier Quadrate sind mit den ersten Buchstaben des griechischen Alphabets bezeichnet, der Kreis in der Mitte mit dem letzten Buchstaben. Warum griechische Buchstaben? Es hat sich so ergeben – wahrscheinlich, weil es für mich fünf »ehrwürdige« Felder sind, und ABCDE oder 12345 zu profan und buchhalterisch ausgesehen hätte.

Füllen wir die Felder jetzt mit Inhalt! Hier zunächst in der Gesamtschau und im Überblick. Danach ist jedem Feld ein Kapitel gewidmet. Beginnen wir links oben:

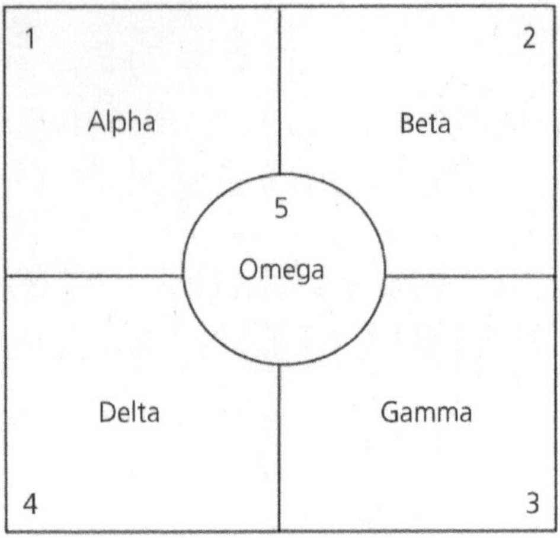

Abb. 1: Das 5-Felder-Modell im Rohbau

ERFÜLLUNG VOM TYPUS ALPHA IST ›WUNSCHERFÜLLUNG‹. Wir können von einem erfüllten Leben sprechen, wenn sich ein Teil deiner Wünsche ans Leben erfüllt hat, oder pathetischer gesagt: wenn sich deine »Träume« erfüllt haben. Sei es, dass du selbst sie dir hast erfüllen können, sei es auch, dass dir dies durch ein gnädiges Schicksal zuteilgeworden ist. Meistens muss ja beides zusammenkommen: die eigene Initiative und die förderlichen Umstände. Gleichviel, jedenfalls scheint mir dies, wenn auch nur eine, so doch wichtige Komponente eines erfüllten Lebens zu sein, dass mancher Wunschtraum in Erfüllung gegangen ist. Das klingt erst einmal banal. Wir werden aber sehen, dass dieser Quadrant es in sich hat!

Denn nicht alle Seelen in deiner Brust wünschen sich dasselbe, und manche Sehnsucht ist tief in dir vergraben und will erst noch entdeckt werden. Und manche Wünsche an das Leben liegen in dir miteinander im Kampf.

ERFÜLLUNG VOM TYPUS BETA IST ›SINNERFÜLLUNG‹. Kein Mensch kann, kein Mensch will ein Leben führen, das nur der eigenen Beglückung, der Erfüllung eigener Wünsche dient. Wir wollen auch einen Beitrag leisten zum Gelingen des Ganzen, von dem wir ein Teil sind. Die heuristische Frage lautet hier nicht mehr »Welcher Herzenswunsch, welcher Lebenstraum hat sich *dir* erfüllt?«, sondern »Was hat sich *durch dich* erfüllt?«. Der Mensch braucht einen Sinn im Leben – und je deutlicher er diesen Sinn erkennt und fühlt und je besser er dementsprechend dienlich werden kann, umso mehr gelingt ihm die Erfüllung vom Typus Beta.

ERFÜLLUNG VOM TYPUS GAMMA IST ›BIOGRAFISCHE ERFÜLLUNG‹. »Geht hinab, hinauf / unser Lebenslauf – / das ist unser Los auf Erden« – so endet die erste Strophe des »Komitats« von Hoffmann von Fallersleben, in der Vertonung von Mendelssohn Bartholdy. Sie beginnt mit »Nun zu guter Letzt / geben wir dir jetzt / auf die Wanderung das Geleite«. Es wurde zu meinem Abitur vom Schulchor gesungen und später noch mal von meinen Kolleginnen und Kollegen zu meiner Pensionierung. Dieses teils schicksalhafte, teils charakterbedingte Auf und Ab macht unser Leben – mehr oder weniger – zu einem Abenteuer, über das sich vielleicht einen Roman zu schreiben lohnt. Und in diesem Roman erlebt die Heldin, der

Held, womöglich triumphale Höhepunkte und Gipfelerlebnisse, aber gewiss auch Krisen, Niederlagen und verzweifelte Tiefpunkte. Und diese deine Biografie, mit allem, was dir in deinem Lebensdrama schicksalsschwer widerfahren ist, und was du durchgemacht und erlebt hast, trägt zur Erfüllung vom Typus Gamma bei.

ERFÜLLUNG VOM TYPUS DELTA IST ›DASEINSERFÜLLUNG‹. Es bedarf keiner spektakulären Ereignisse vom Typus Gamma, um ganz und gar ergriffen zu sein von dem Mysterium unseres Daseins in diesem Kosmos, auf dieser Erde! Nanu, es gibt mich in einer Welt, die es gibt!? Ich habe mich selbst und alles drum herum nicht gemacht, bin geworden als ein Geschöpf, mit einer Entstehungsgeschichte von Millionen und Abermillionen von Jahren, trage noch Bauplan-Gene in mir, die Fische entwickelt haben, bevor einige von meinen Vorfahren an Land gegangen sind! Das alles ist ziemlich unglaublich, und allein jeder Atemzug und jedes Herzklopfen ist eine Megasensation, gar nicht zu sprechen von all dem, was mich sonst ausmacht und lebendig macht mit Leib und Seele. – Ist diese Art von Erfüllung nicht ohnehin jedem garantiert? Ja und nein. Ja insofern, als jeder und jede dieses Erdendasein als Mensch erfährt, von der Geburt (und bereits davor) bis zum Tod (und womöglich danach). Nein insofern, als dieses Mysterium als unbeachtete Selbstverständlichkeit unserer Existenz ganz unbewusst im Hintergrund bleiben kann. Ganz im Vordergrund sind die Verrichtungen des Alltags mit den To-do-Listen und allen emotionalen Verwicklungen. Sobald ich aber das atemberaubende Megamysterium an mich heranlasse, womöglich noch begleitet von einem Bewusstsein der Allverbundenheit, wird dieses Gewahrsein zu einem erfüllenden Moment. Das staunende und ehrfürchtige Innewerden dieses Mysteriums – das nenne ich Erfüllung vom Typus Delta.

ERFÜLLUNG VOM TYPUS OMEGA IST ›SELBSTERFÜLLUNG‹. In die Mitte der vier Quadranten stelle ich mich, stelle ich dich selbst. In dem Maße, wie es dir gelingt und es die Umstände erlauben, das zu verwirklichen, was dich zutiefst ausmacht und was als Möglichkeit in dir steckt, in dem Maße erfüllt sich dein Selbst. Für diese Selbsterfüllung hat sich, von der Humanistischen Psychologie herkommend, der Begriff »Selbstverwirklichung« eingebürgert. Und vieles, was dein Leben in den vier vorgestellten Quadranten erfüllend macht, wird deinen ureigensten Stempel tragen, wird dir wesensgemäß sein. Denn es sind ja *deine* Träume und Sehnsüchte, die bei Alpha auf Erfüllung hoffen. Es sind *deine* Talente, Werte und Berufungen, die du sinnstiftend bei Beta einbringst. Es ist *dein* Charakter, der dir zum Schicksal wird und zum Reichtum deiner Erlebnisse in Gamma beiträgt. Und es ist *deine* Art und Weise, mit der Transzendenz deiner Existenz in Beziehung zu treten, religiös oder atheistisch, pantheistisch, spirituell, mystisch oder pragmatisch, rational oder ganzheitlich ergriffen. Jeder hat sein eigenes Delta und einen sehr eigenen Reim, den er sich auf das Leben macht.

Im letzten Absatz habe ich so getan, als ob es eine Tatsache wäre, dass du in deiner einmaligen Eigenart und Besonderheit maßgeblich bestimmst, welche Art von Erfüllung dir in den vier Quadranten zuteilwerden kann. Dies ist aber viel mehr eine Hoffnung, ein Ideal, ein Entwicklungsziel, als dass es eine fraglose Gegebenheit wäre. Denn es scheint auch möglich zu sein, sich selbst zu verfehlen. Etwa dann, wenn die innere Wahrheit verschüttet ist und Indoktrinationen von außen maßgeblich werden, ganz oder teilweise. Umso mehr scheint es lohnend, mit dem eigenen Wesen, mit der inneren Wahrheit gute Bekanntschaft zu machen. Der etwas rührselig anmutende Song von Frank Sinatra »I Did It My Way« verweist auf die Erfüllung vom Typus Omega.

Fügen wir die Ergebnisse dieses Kapitels in das Schaubild ein, siehe Abb. 2.:

Abb. 2: Das 5-Felder-Modell eines erfüllten Lebens

So weit der erste Überblick. Vielleicht haben Sie Lust bekommen, Ihr bisheriges Leben unter diesen 4 + 1 = 5 Aspekten anzuschauen? Dann fahren Sie fort mit den nachfolgenden fünf Kapiteln. Wen habe ich als Leserin, als Leser vor Augen? Zum einen Menschen wie dich und mich, die sich nach einem erfüllten Leben sehnen und die eine Besinnung auf diese fünf Felder interessant finden werden. Zum anderen die Entwicklungshelfer unter uns, die Beraterin, den Coach, die Seelsorgerin, den Psychotherapeuten, die Lehrerin ... alle, denen es aufgegeben ist, ihr Gegenüber auf der Suche nach dem eigenen wesensgemäßen Weg zu begleiten und ihm in manchen kritischen Momenten auf die Sprünge zu helfen.

Darf ich fragen, wie alt Sie sind, liebe Leserin, lieber Leser? Wenn Sie jung sind, haben Sie mutmaßlich noch viel vor sich und können bei der Lektüre hin und wieder den inneren Kompass einstellen und für die Frage »Was will ich vom Leben, und was will das Leben von mir?« einige Inspirationen aufnehmen und sich anverwandeln. Wenn Sie in etwa in der Lebensmitte stehen, dann mögen Sie angeregt sein, eine Zwischenbilanz in Hinblick auf die fünf Felder zu ziehen. Da hat sich schon einiges getan. Und gleichzeitig kann es spannend sein, die eben formulierte Frage für die zweite Lebenshälfte vorausschauend zu stellen. Wenn C. G. Jung recht hat, werden und sollten Sie die zweite Halbzeit nicht mit derselben (inneren) Aufstellung spielen. Und wenn Sie sich bereits dem Alter zurechnen, dann haben Sie nicht »die Stoppelfelder der Vergangenheit, sondern die vollen Scheunen der Erinnerung«, wie Viktor Frankl so schön sagt, um eine vorläufige Lebensbilanz im Hinblick auf alle fünf Felder zu ziehen. Dann geht es darum, das gelebte Leben zu würdigen. Aber nicht abschließend, denn der verbleibende Lebensabschnitt hat es noch einmal fünffach in sich! Vielleicht ist jetzt ein Feld dran, das bislang noch wenig »beackert« worden ist!?

Noch zwei Dinge vorweg. Ich bemühe mich, moderat und flexibel, um eine genderbewusste Sprache. Die Gleichstellung und Gleichwertigkeit aller Menschen jenseits ihres Geschlechtes ist mir eine Selbstverständlichkeit – und ein Herzensanliegen, soweit das noch nicht überall erfüllt ist. Die dafür notwendige Bewusstseinsbildung wird auch durch die tägliche Sprache gefördert, von daher ist es ganz richtig, eine gendergerechte Sprache anzustreben. Gleichzeitig liegt mir eine verständliche und nicht umständliche Sprache am Herzen, daher nehme ich mir im Dienste einer guten Lesbarkeit die Freiheit, es je nach Kontext so oder so zu machen, ohne zwanghafte Disziplin und ohne »dem*r Leser*in« Holper-Stolper-Konstruktionen zuzumuten.

Der andere Punkt vorweg: Wenn ich als Autor Sie als Leserin und Leser anspreche (so wie jetzt), dann sind die unterschiedlichen Rollen betont, und ich werde Sie siezen. Wenn ich als selbst betroffener Mitmensch meine Mitmenschen vor Augen habe, dann ist die Gemeinsamkeit betont, und ich werde per »du« sprechen. Das habe ich mir nicht klug ausgedacht, sondern es ergab sich so beim Schreiben – und ich dachte: Vielleicht macht das ja Sinn, und jetzt lasse ich es so.

Zahlreiche Anmerkungen und Quellenhinweise sollen den Lesefluss nicht stören, daher erscheinen sie in geordneter Reihenfolge am Schluss des Buches, für diejenigen unter Ihnen, die einer Textstelle genauer auf den Grund gehen wollen.

3 ERFÜLLUNG VOM TYPUS ALPHA: WUNSCHERFÜLLUNG

Wie ist das Leben wunderbar,
denn manche Träume werden wahr!

Das ist der erste und (scheinbar) banale Zugang zu der Frage, was ein erfülltes Leben ausmacht. In keiner Trauerrede wird fehlen, was die oder der Verstorbene vom Leben gehabt hat, welche Träume in Erfüllung gegangen sind – sei es durch ein gnädiges Schicksal zuteilgeworden (Glück gehabt!), sei es als Frucht eigenen Strebens erreicht und geerntet (Glück geschmiedet!). Dieses will mit Anerkennung, jenes mit Dankbarkeit gewürdigt werden, meist kommt beides zusammen. Und wenn es hier Bemerkenswertes zu entdecken und zu berichten gibt, dann spendet dies für alle Trauergäste einen großen Trost, der über die erschütternde Allgewalt des Todes hinweghelfen kann. Hier endet nämlich die Allmacht des Todes: Er kann nicht verhindern und zunichtemachen, dass dieser Mensch ein erfülltes Leben gelebt hat. Und wer dies auch schon zu Lebzeiten weiß, kann dem Tod leichter entgegensehen.

Doch dieser erste Zugang erscheint nur auf den ersten Blick banal. Was sind denn meine Wünsche an das Leben? Wie komme ich ihnen auf die Spur? Gewiss, es gibt Sehnsüchte, die so allgemein menschlich sind, dass sie quasi auf der Hand liegen: unversehrt und geborgen ein Leben in Liebe zu führen, mit erfüllender Arbeit, auskömmlich, anerkannt und zugehörig, in Frieden und Harmonie, ohne Not und Elend, ohne Schmerzen und Angst – und all dies bei bester Gesundheit bis ins hohe Alter. So weit, so gut, und es ist eine schier endlose Menschheitsaufgabe, dies für möglichst viele Menschen (und Mitgeschöpfe) jedenfalls ansatzweise möglich zu machen. Und wer hier nach einem Sinn in seinem Leben sucht, wird unweigerlich seine Aufgaben finden. Und wem irgendwann irgendwo sein kleines Himmelreich auf Erden vergönnt war, hat schon aus diesem Grund nicht umsonst gelebt.

Nicht alle wollen nach Rom. Aber weiß ich denn, wohin ich will?

Viele Wege führen nach Rom – aber nicht alle wollen nach Rom. Der Satz »Es war schon immer mein Traum …« kann höchst Individuelles zutage fördern. Was für dich eine Glücksvorstellung ist, kann für mich unerheblich oder sogar gruselig sein. Dies zum einen: Wir dürfen und müssen mit großen Unterschieden rechnen. Und zum anderen: Weiß ich überhaupt, welche Art von Lebensglück meiner Seele guttut und wofür ich geschaffen bin? Oder liegt mir das verborgen – und ich bin angewiesen auf vorgefertigte Verheißungen von außen, vom Vater oder aus Hollywood, oder was in meiner Peergroup als cool gilt? »Mit 17 hat man noch Träume, da wachsen noch alle Bäume in den Himmel der Liebe«, sang Peggy March 1965, da war ich 21 Jahre alt und hielt das für ein kitschiges Klischee. Ich konnte mich nicht erinnern, als 17-Jähriger Träume gehabt zu haben. Ängste, Sorgen und jede Menge Selbstzweifel ja, aber Träume? Nicht, dass ich wüsste!

Eher stand mir alles bevor, im doppelten Sinne dieser Redewendung: Abitur wollte / sollte ich machen, aber das war, nach dem Sitzenbleiben in der Schule, ein Albtraum, der mich manchmal noch heute nachts heimsucht: Der Prüfungstermin rückt näher – und ich weiß von nichts. Eine Freundin sollte man haben, fanden meine Klassenkameraden, und der eine oder andere hatte schon etwas vorzuweisen. Die »Tanzstunde« war für mich ein einziges Trauma – offenbar war ich ungeeignet für derlei aufregendes Vergnügen. Nach dem Abitur würde der Wehrdienst kommen – ach du Schreck, auch das noch! Ich als Soldat? Ich als »Friedemann« und eher unsportlich? Es wird eine Qual werden – damals war das Wort »Herausforderung« noch nicht in aller Munde. Und danach? Studieren – ja, aber was? Mein Vater, ein Rechtsanwalt, wusste Rat: Ich sollte Jura studieren, aber nicht wie er ein freiberuflicher Anwalt werden – da habe man permanent Existenzängste, ob genug Mandanten kämen und man genug Geld verdienen würde. Stattdessen legte er mir eine Karriere als Richter nahe – die hätten es nämlich gut, schwebten über allem, ohne Weisung von oben, und herrlich verbeamtet auf Lebenszeit. Also gut, der Vorschlag war plausibel – ein »Traum« aber wollte und wollte nicht daraus werden.

Warum erzähle ich aus dieser Zeit? Ich bin mir sicher, dass die Wünsche, Sehnsüchte und Träume eines Menschen nicht immer offen zutage treten. Vielleicht wohnen sie tief in seinem Herzen, aber trauen sich nicht heraus. Oder sie sind noch im Werden.

Sie trauen sich nicht heraus? Braucht es dafür Traute? Ja, braucht es. Denn wenn ich mir eine Sehnsucht eingestehe, die ich von vornherein für unerfüllbar halte (eine Freundin? Vergiss es!), dann bringt das ein schmerzliches und beschämendes Gefühl hervor, das mir noch den Rest an Lebensfreude vergällen kann. Und die Seele ist dafür geschaffen, sich vor solchen Verwundungen und Beschämungen zu schützen. Also bleibt die Sehnsucht unbewusst, unbelichtet, gleichsam in Schutzhaft. Und die Schutzwächter im Inneren Team[1] tun alles, um den Häftling vergessen zu machen. Ein »Realist« betritt die innere Bühne und sagt: »Vergiss es! Bei Frauen, die du attraktiv findest, hast du keine Chance!« – Oder in dir ist eine Sehnsucht nach der »großen Liebe«? Schon ist auch hier ein »Realist« zur Stelle (»Das gibt es nur in Hollywood!«) und will dich vor Enttäuschungen beschützen. Oder in dir keimt eine Sehnsucht auf, als Sängerin im Rampenlicht zu stehen? Gleich interveniert eine »Bescheidene« in dir und erinnert dich an die Verse im Poesiealbum: »Sei wie das Veilchen im Moose / bescheiden, sittsam und rein / und nicht wie die stolze Rose / die immer bewundert will sein!« Auch ein Familien-Loyaler kann zum Wächter werden: »Angesichts dessen, was mein Vater erlitten hat, darf es mir nicht allzu gut gehen!« Die Wächter schützen den Häftling vor schmerzhafter Niederlage oder schlechtem Gewissen, gleichzeitig schützen sie das ganze

System, damit es weiter funktionieren kann. Denn es könnte ins Schleudern kommen, wenn die Sehnsucht sich Bahn bricht.

Sehnsüchte als Wegweiser

Psychotherapie ist der Versuch, den Häftling behutsam zu befreien. Zuweilen gelingt ihm das auch selbst. Und zwar dann, wenn ein Hoffnungsschimmer aufkommt. Als ich Jahre später, inzwischen gestärkt in meinem Selbstwertgefühl, in einer Gruppe bekannte: »Ich würde mich gerne einmal verlieben!« – da konnte ich mir das endlich eingestehen, da war die Verwirklichung nicht mehr weit entfernt. So verstehe ich auch den Satz von Goethe:

> *Unsere Wünsche sind Vorgefühle der Fähigkeiten, die in uns liegen – Vorboten dessen, was wir zu leisten imstande sein werden … Wir fühlen eine Sehnsucht nach dem, was wir schon im Stillen besitzen.*[2]

Dabei muss ich an den jungen, 23-jährigen Thomas Mann denken, der seine Wünsche und »Vorgefühle« in ein Gedicht fassen konnte[3]:

> Ich bin ein kindischer und schwacher Fant[1],
> Und irrend schweift mein Geist in alle Runde,
> Und schwankend fass' ich jede starke Hand.

---

1 *Fant kommt von Infant = Kind. Uns geläufig: infantil*

Und dennoch regt die Hoffnung sich im Grunde,
Dass etwas, was ich dachte und empfand,
Mit Ruhm einst gehen wird von Mund zu Munde.

Schon klingt mein Name leise in das Land,
Schon nennt ihn mancher in des Beifalls Tone, –
Und Leute sind's von Urteil und Verstand.

Ein Traum von einer schmalen Lorbeerkrone
Scheucht auf den Schlaf mir, unruhvoll, zur Nacht,
Die meine Stirn einst zieren wird zum Lohne
Für dies und jenes, was ich gut gemacht.

Was diesen Traum angeht, stand dem Literaturnobelpreisträger wahrlich ein erfülltes Leben bevor. Wenn Goethe recht hat, lohnt es sich also, sehr achtsam die eigenen Wünsche aufzuspüren. Als »Vorgefühle von Fähigkeiten«, als »Vorboten von Leistungen« können sie dem Lebenskompass eine stimmige Richtung geben. Und offenbar erlauben sie einen intimen und tiefen Zugang zum inneren Selbst. Bei der Schweizer Psychologin Verena Kast lese ich:

> *Die Sehnsucht ist eine gute Wegweiserin auf dem Weg zu wirklich zentralen Lebensthemen, zum eigenen Weg, zu dem, was wirklich zu uns selbst gehört, was uns unabdingbar wichtig ist.*[4]

Und die Meditationslehrerin Safi Nidiaye schreibt sogar:

> *Wenn Sie Ihr Herz für eine bislang unterdrückte Sehnsucht öffnen, werden Sie ein wahres Wunder erleben!*[5]

Nicht unbedingt, dass die Sehnsucht damit ihre Erfüllung findet – vielleicht ist sie unrealistisch, und du musst dich von ihr verabschieden. Aber der intime Kontakt mit dem inneren Menschen, der in dir wohnt, ist das Wertvolle und kann dein Lebensgefühl verwandeln. Besonders dann, wenn es dir gelingt, deine Gefühle und deine innere Verfassung zu imaginieren, die mit der Erfüllung der Sehnsucht verbunden sein würden. Mal dir das mal aus, geh mal schwelgend hinein in diese Wunschgefühle! Allein das tut der lieben Seele gut, und wer weiß? Vielleicht ist dieser innere Zustand, der dir so guttun würde, ansatzweise auch auf ganz andere Weise erreichbar? Denn es ist ja letztlich dieser innere Zustand, den du herbeisehnst, und nicht der Sehnsuchtsgegenstand, der ihn hervorbringen soll. Angenommen, du sehnst dich nach einem Motorrad, einem Hund oder nach einem Ehrenamt. Welches Lebensgefühl würde das Motorrad dir vermitteln, was würde dir ein Ehrenamt ermöglichen? Schwelge mal hinein in dieses innere Sehnsuchtsgebiet – worum geht es dir, beim Hund oder beim Ehrenamt? Je deutlicher du die innere Sehnsucht spürst, umso genauer lernst du dein inneres Selbst kennen und umso mehr steigen deine Chancen, die ersehnten Zustände ansatzweise und womöglich auf andere Weise zu verwirklichen. Und wenn nicht, dann ist die gefühlte Sehnsucht doch auch etwas, was dein Leben reicher macht. Ich würde nicht so weit gehen wie der Theologe Adolf von Harnack, der behauptet hat:

Nur was wir ersehnen, ist unser Eigentum – was wir besitzen, haben wir schon verloren.

Da höre ich die gleichlautende Stimme meines Deutschlehrers in der Oberstufe: »Erfüllung tötet!« – Nein, das gewiss nicht, auch wenn das »Langen und Bangen in ewiger Pein« (Goethe) meist mehr Herzklopfen verursacht als alles, was man sich erobert oder was das Schicksal einem zugespielt und zugelassen hat. Aber dass die Sehnsucht, der »Traum«, etwas ist, was nicht bloß zu seiner schnellen Erfüllung (und damit Beseitigung) dienen soll, sondern auch um seiner selbst willen leben will und zur Lebendigkeit beiträgt, das will ich gerne glauben. Das Begehren ist Teil der Lust. Wenn jedoch ein tiefer Wunsch an das Leben unerkannt oder gänzlich unerfüllt bleibt, dann kann dies auch ein schweres Leiden zur Folge haben. Noch einmal (sinngemäß) Verena Kast:

Es gibt Themen (Wünsche, Sehnsüchte), die auf einer bewussten oder unbewussten seelischen Agenda stehen, eine für mein Leben bedeutsame Verwirklichungsabsicht enthalten, für die besondere seelische Kräfte zur Verfügung stehen und bei deren Verhinderung / Scheitern ein besonderes Leiden eintritt.[6]

Ich konnte das bei meiner Mutter hautnah miterleben. Sie war in ärmsten Verhältnissen aufgewachsen. Ihr Vater, ungelernt, war im Krieg, ihre Mutter hat genäht. Als Schülerin entwickelte sie einen enormen Bildungshunger, und nach Ende der Volksschulzeit hat sie einen Onkel aufgesucht und ist vor ihm buchstäblich auf die Knie gefallen: ob er ihr die Mittelschule bezahlen könnte. Immerhin, er tat es. – Als Kind und Jugendlicher fand ich in ihrem Zimmer viele Bücher vor, Romane der Weltliteratur und vieles von Sigmund Freud. Das war eine hochinteressante Umgebung, und sie hat auch viel mit mir gesprochen. Leider fiel nicht alles auf fruchtbaren Boden. Wenn sie mir anhand von Bildbänden die Baustile der Romanik, der Renaissance oder des Barock in ihren typischen Eigenarten erklären wollte, war mir das eine Qual. Und ihr »Bachgedudel« von den Schallplatten war mir auch zuwider – jedenfalls anfangs, später fand ich die »Brandenburgischen Konzerte« auch toll, und heute ist Johann Sebastian Bach wohl der Mensch, den ich aus allen Zeiten am meisten verehre. Aber zurück zu meiner Mutter: Die Bildung stand auf ihrer »seelischen Agenda« ganz oben, und es standen ihr dafür besondere seelische Kräfte zur Verfügung, es war ihr jedoch nicht möglich, daraus einen erfüllenden Beruf zu machen, und auch privat fand sie keine Beziehungen, in denen ihre Sehnsucht Platz gehabt und eine beseelte Resonanz gefunden hätte. So trat das »besondere Leiden« ein, von dem Verena Kast spricht – erkennbar zum Beispiel in lebenslänglichen Schlafstörungen. Einmal in ihrem Leben gab es eine Ausnahme, die etwa drei Jahre währte – ich komme im Kapitel Gamma darauf zurück.

Für Beraterinnen, Seelsorger und Psychotherapeutinnen ist es wichtig, dass sie bei Problemen und Leiden aller Art, auch bei Wut, Ärger und Frustrationen, den Untergrund von Bedürfnissen und Sehnsüchten freilegen. Manche Faust löst sich dann und verwandelt sich in Tränen der Berührtheit. In der Lehre von der gewaltfreien Kommunikation nach Rosenberg ist die Verwandlung einer aggressiven Anklage in eine Bedürfniskundgebung der entscheidende Schritt. Martin Luther King war kein Wutbürger, stattdessen: »I have a dream!« Und wenn es im Coaching gelingt, ein Problem in ein Ziel und in eine Herausforderung zu verwandeln, dann vitalisieren wir die Kräfte für die »Verwirklichungsabsicht« – oder aber es melden sich innere Bremser, Bedenkenträger und Saboteure, die erst noch erkannt und verstanden sein wollen. Vor allem Ängste sind hier zu erwähnen: Sehnsucht und Angst sind zuweilen siamesische Zwillinge, schwer trennbar zusammengewachsen. Vielleicht habe ich eine große Sehnsucht nach Nähe, Geborgenheit und Bindung, aber gleichzeitig eine noch größere Angst davor – zum Beispiel vor Fesselung und Freiheitsverlust oder vor der großen Verletzlichkeit, die jede Bindung mit sich bringt. Die Angst sorgt dafür, dass ich mich prophylaktisch schütze, auf Abstand bleibe und großen Wert auf Unabhängigkeit lege. Und sie sorgt dafür, dass die dahinterliegende Sehnsucht niedergehalten wird oder ganz unerkannt bleibt.[7]

Wer eine Sehnsucht in den Tiefen seiner Seele ergründen und freilegen will, braucht dafür zuweilen eine kundige Begleitung. Das Ergebnis einer solchen Ergründung kann aussichtsreich in einen Leitsatz hineinmünden, der mit den Worten *»Ich erlaube mir …«* beginnt. Eine 60-jährige Frau, die am Leben ihrer Familienmitglieder und Freundinnen intensiv Anteil nahm und immer sehr selbstverständlich bereit war, allen mit Rat und Tat zur Seite zu stehen, fand für sich den Satz *»Ich erlaube mir, gelegentlich Abstand zu nehmen von den Dingen und den Menschen, für die ich mich (mit)verantwortlich fühle, und* ***mein*** *Leben zu genießen!«* – Ein kleiner, harmloser Satz, der eine Sehnsucht ausdrückt nach mehr unbeschwertem Eigenleben. Aber einmal ausgesprochen und im Herzen bewegt, vermag er den inneren Kompass bewusster einzustellen und hilft, die gewohnten spontanen Reaktionen der Hilfsbereitschaft zu überdenken.

Wer in mir hat einen Wunsch – und was sagen die anderen dazu?

Noch etwas ist zu bedenken. Nicht jeder Wunsch, den jemand vorbringt, hat seine Urquelle in den zentralen Anliegen seiner Existenz. Durchaus möglich, dass sich ein dominantes Mitglied des Inneren Teams nach vorne drängt und einen Alleinvertretungsanspruch erhebt, ohne in Kontakt mit den Tiefenbewohnern der eigenen Seele zu sein. Nach meinen ersten zehn Berufsjahren bekam ich von Kollegen und Beratern eingeflüstert: »Du musst clever sein und Steuern sparen!« – ach so? Ja wirklich, ein neues Teammitglied wurde in mir geboren, das *fiskalische Cleverle*. Es setzte sich ans Steuer und verfolgte seine Verwirklichungsabsichten. Es gelang ihm, andere innere Stimmen, die zahlreich vorhanden waren, zu übertönen. Zum Beispiel den inneren Juristensohn (»Unterschreibe nie etwas, was du nicht hundertprozentig durchschaust!«) oder den solidarischen Mitbürger (»Es ist gut, mit Steuern zu einem funktionierenden Gemeinwesen beizutragen!«) oder den ernsthaften Wissenschaftler in mir (»Ich will inhaltlich arbeiten und bloß nicht meine Lebensenergie in solche Raffinessen investieren!«). Alle die waren auf stumm geschaltet, gecancelt, exkommuniziert, während das *fiskalische Cleverle* das Kommando übernahm. Es wurde ein Desaster, das sogenannte »Bauherrenmodell« ging nach hinten los, Verschuldungen, juristische Auseinandersetzungen, graue Haare, freudlose Monate und Jahre. Gott, wie konnte ich mich in so etwas nur freiwillig hineinreiten? Empfehlung: Wann immer du ein Ziel verfolgst, vielleicht sogar besessen bist davon, überprüfe, *wer in dir* der Initiator dieses Zieles ist – und ob er sich mit anderen Mitgliedern deiner Seele abgestimmt hat!

Ich komme auf dieses Beispiel im Omega-Kapitel noch einmal zurück. Dort geht es um die Frage: Was ist mir »wesensgemäß« – und was nicht? Für den Coach ist es gut zu wissen, dass, wenn der Klient ein Anliegen hat, *jemand in ihm* dieses Anliegen verfolgt. Er sollte dann nicht gleich beflissen zu Werke gehen und seinen Klienten »in den Zielfilm schicken«, nicht gleich die Überwindung von Hindernissen besprechen, die Stufen der Zielerreichung definieren – denn dann würde er sich unreflektiert mit dem Urheber des Anliegens verbünden. Er sollte stattdessen überparteilich sein, das heißt, auch inneren Gegenstimmen zur Spruchreife verhelfen, besonders denen, die sich nur schüchtern und leise melden. Sobald es einen inneren Abstimmungsprozess gegeben hat, sobald das Ziel von allen mitgetragen wird, wird ein Coaching sinnvoll, das zur Zielerreichung ermutigt und das die Sprossen der Himmelsleiter in eine begehbare Reihenfolge bringt.

Die Sehnsucht und ihre Gegenschwester

Und noch etwas ist wichtig zu wissen und will bedacht sein. Viele Sehnsüchte haben eine »Gegenschwester«. Jawohl, dir sind Freiheit und Unabhängigkeit überaus wichtig, aber regt sich da nicht gleichzeitig die Gegenschwester, die sich nach Bindung und Geborgenheit sehnt? Meist ist eine der beiden Schwestern dominant – daraus ergeben sich Unterschiede in der Persönlichkeit. Bei dem einen steht der Wunsch nach singulärer Individualität im Vordergrund, bei der anderen überwiegt die Sehnsucht nach Gleichheit und Zugehörigkeit. Der eine strebt nach Selbstverantwortung (»Jeder ist schließlich seines Glückes Schmied!«), jemand anders fühlt eher die Sehnsucht nach Solidarität und Unterstützung der Schwachen – denn jeder ist auch das heiße Eisen auf dem Amboss seines Schicksals und nicht nur in der Not auf Beistand angewiesen.

Ein Leben kann wohl nur gelingen, wenn es dialektisch gelebt wird, wenn es gelingt, eine dynamische Balance zwischen diesen existenziellen Polaritäten herzustellen. Sobald eine der beiden Gegenschwestern übermächtig wird und die andere dauerhaft niederhält, droht psychisches und existenzielles Unheil.

Noch ein Beispiel: Sehnst du dich nach Mobilität, Wandel, Aufbruch und Abenteuer? Es gibt ein berühmtes Gedicht von Hermann Hesse, eine kraftvolle und bezaubernde Hymne auf diese Sehnsucht. Je mehr ich dieses Gedicht an mich habe herankommen lassen, umso mehr regte sich eine innere Gegenrede in mir. Da wollte die Gegenschwester zu Wort kommen, deren Sehnsucht in der Verwurzelung liegt. Unter ihrem Einfluss habe ich – mutig – ein Gegengedicht im selben Stil verfasst.

Hier zunächst Hermann Hesse[8]:

STUFEN

Wie jede Blüte welkt und jede Jugend
Dem Alter weicht, blüht jede Lebensstufe,
Blüht jede Weisheit auch und jede Tugend
Zu ihrer Zeit und darf nicht ewig dauern.

Es muss das Herz bei jedem Lebensrufe
Bereit zum Abschied sein und Neubeginne,
Um sich in Tapferkeit und ohne Trauern
In andre, neue Bindungen zu geben.
Und jedem Anfang wohnt ein Zauber inne,
Der uns beschützt und der uns hilft, zu leben.

Wir sollen heiter Raum um Raum durchschreiten,
An keinem wie an einer Heimat hängen,
Der Weltgeist will nicht fesseln uns und engen,
Er will uns Stuf' um Stufe heben, weiten.
Kaum sind wir heimisch einem Lebenskreise
Und traulich eingewohnt, so droht Erschlaffen,
Nur wer bereit zu Aufbruch ist und Reise,
Mag lähmender Gewöhnung sich entraffen.

Es wird vielleicht auch noch die Todesstunde
Uns neuen Räumen jung entgegen senden,
Des Lebens Ruf an uns wird niemals enden …
Wohlan denn, Herz, nimm Abschied und gesunde!

Und hier die Antwort meiner inneren Gegenschwester:

STAMMSITZ

Wie jeder Baum im Erdreich wurzelt
und steht und wächst an seinem Platz,
so soll der Mensch dort heimisch werden,
wo er in Ruhe reifen kann.

Wir sollen nicht nomadenhaft
irrlichternd zieh'n von Raum zu Raum –
kaum sind wir g'rade angekommen,
nicht rastlos gleich zum Aufbruch blasen
und ruhelos und flüchtig rasen
und ohne festen Stammsitz sein.

Vergänglichkeit ist uns im Leben
von der Natur umsonst gegeben:
Der Wechsel kommt von ganz allein.
Nur durch Beständigkeit und kluges Walten
kannst du Bewährtes lang erhalten
und in der Welt geborgen sein.

Nur wenn die Seele fest verwurzelt
und tief geerdet ist, dann hat sie Halt
und hält auch starken Stürmen stand.
Wohl mag sie auch von fernen Räumen,
vielleicht sogar vom Fliegen träumen,
doch wenn sie abstürzt – und erwacht,
dann hat es ihr nichts ausgemacht.

Und wenn dich einst der Tod erwartet,
sobald es Zeit ist, sei bereit!
Dann sei dein Werk, dein Reich, dein Feld
nach weiser Planung wohl bestellt.
Hast du's mit Sorgfalt übergeben,
darfst du erwarten, nach dem Leben,
den Stammsitz für die Ewigkeit.

Nach dieser Rede und Gegenrede: Wer hat denn nun recht? Beide haben recht, die existenzielle Wahrheit beginnt (immer?) zu zweit! Und mehr noch: Wenn den Gegenschwestern keine spannungsreiche und fruchtbare Koexistenz gelingt, dann droht die nur einseitige Erfüllung zur existenziellen Falle zu werden. Dann droht auf der einen Seite entwurzelte Getriebenheit, auf der anderen Seite festgefahrene Erstarrung.

Wenn Sie sich auskennen in unserer Hamburger Kommunikationspsychologie[9], dann haben bei Ihnen spätestens beim letzten Absatz die »Wertequadrat-Ohren« geklingelt. Für alle anderen kurz eingeführt: Jede wünschenswerte Qualität (zum Beispiel Sparsamkeit) droht, wenn sie einseitig, übermäßig und nicht in Balance mit ihrer Gegenqualität (Großzügigkeit) verwirklicht wird, auf die schiefe Bahn zu geraten und sich in eine bedauerliche Untugend zu verwandeln – des Guten zu viel – das wäre Geiz! Und dasselbe gilt für die Schwestertugend Großzügigkeit: Wird sie einseitig, übermäßig und nicht in Balance mit ihrer anderen Schwester verwirklicht, verkommt auch sie zu einer bedauernswerten Schwäche: der Verschwendung. Ein erfülltes Leben zeigt sich im Gelingen der Dialektik, in der spannungsreichen Vereinigung der Gegensätze. Im Denkmodell des Wertequadrates (ursprünglich angestiftet von Aristoteles[10]) werden die beiden Schwestertugenden oben nebeneinandergestellt und jeweils unter ihnen, auf die schiefe Bahn geraten, ihre Übertreibungen (des Guten zu viel):

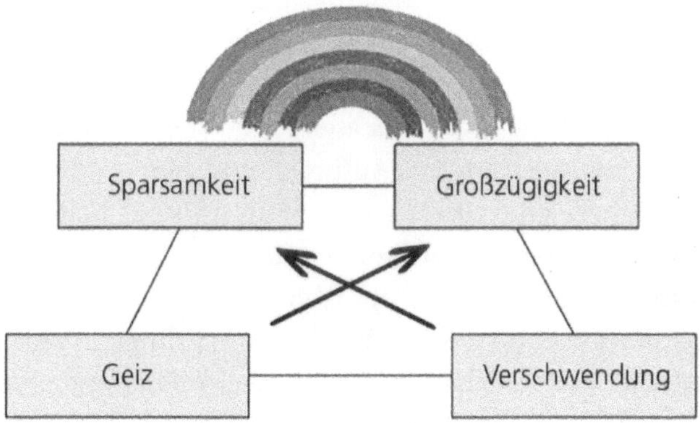

Abb. 3: Das Wertequadrat, hier am Beispiel der bürgerlichen Tugend Sparsamkeit

Das Abgleiten in den Keller der Übertreibung wird durch ein gelebtes Gleichgewicht auf der oberen Etage dieses Wertequadrates vermieden. Wenn dies gelingt, geht gewissermaßen der Regenbogen auf – weil sich zwei gegensätzliche Qualitäten wie Sonnenlicht und Wasser miteinander vereinigen.

In den Diagonalen dieses Modells stehen die Entwicklungsrichtungen für einen Menschen. Wer eher Gefahr läuft, nach links unten abzugleiten (in diesem Beispiel: Geiz), kann und sollte zur Ergänzung seiner Persönlichkeit die Schwestertugend rechts oben dazuerobern (hier: Großzügigkeit). Das geht meist nicht »mal eben« – im Coaching konstruieren wir eine Treppe mit verkraftbaren Stufen. Wer umgekehrt eher rechtslastig nach unten kippt und des Guten zu viel von der Großzügigkeit verwirklicht, dessen Entwicklungsdiagonale verläuft über Kreuz von rechts unten nach links oben, am besten ebenfalls mit kleinen Schritten.

Zurück zu unseren Sehnsüchten aus den beiden Gedichten! Hier die Sehnsucht nach »Aufbruch und Reise«, dort nach Verwurzelung und einem festen Stammsitz im Leben. Der Mensch hat beides: Flügel und Wurzeln. Die Wurzeln wollen ins Erdreich, die Flügel in die Weite. Und dem armen Menschen muss es – für ein erfülltes Leben – gelingen, beides zu verwirklichen – wahrscheinlich, je nach Ausrichtung seiner Persönlichkeit, ein wenig mehr das eine oder das andere. Die Dialektik, wie sie sich im Wertequadrat, das hier auch ein Sehnsuchtsquadrat genannt werden kann, abbildet, siehe Abb. 4:

Übrigens lässt sich an beiden Gedichten etwas beobachten, das für die zwischenmenschliche Kommunikation typisch ist und dort manches Unheil stiftet: Jeder Sprecher preist den Wert,

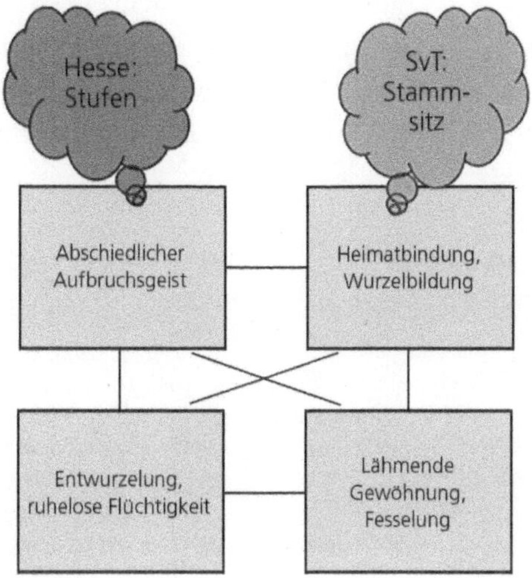

Abb. 4: Sehnsuchtsquadrat im Spannungsfeld von »Aufbruch und Reise« (»Stufen«) und »Stammsitz«

für den er sich starkmacht, in den höchsten Tönen – und polemisiert gegen die ungenannt und ungewürdigt bleibende Schwestertugend, indem er ihre Übertreibung in der unteren Etage des Wertequadrates aufs Korn nimmt. Hesse polemisiert gegen die »Erschlaffung«, die »lähmende Gewöhnung« – ich in meiner Gegenrede disqualifiziere den Gegenpol mit Hinweis auf seine »irrlichternde Rastlosigkeit und Flüchtigkeit«. So sonnt sich jede Antagonistin in ihrem Wertehimmel und verortet die Gegnerin im Keller der Entartung. So entsteht Polarisierung, wo eigentlich Ergänzung sein sollte. Unter dieser Perspektive verwandelt sich das Entwicklungsquadrat in ein Polarisierungsquadrat, ja sogar in ein »Diffamierungsquadrat« (Bernhard Pörksen[11]): Die Pfeile der Diagonalen weisen jetzt nach unten und werden zu Vorwurfsrichtungen, zu Diffamierungsrichtungen, siehe Abb. 5.

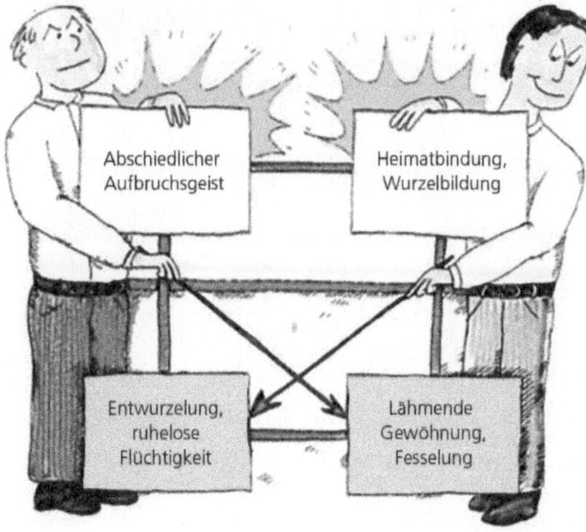

Abb. 5: Das Werte- und Entwicklungsquadrat, hier als Polarisierungs- und Diffamierungsquadrat, mit Vorwurfsrichtungen in den Diagonalen (die Vorwürfe gehen »unter die Gürtellinie« ...)

Wegen solcher Erkenntnisse nimmt das Wertequadrat in unserer Kommunikationspsychologie einen festen Platz ein – das sei bei dieser Gelegenheit nur am Rande bemerkt. Halten wir hier für unser Thema fest: Ein erfülltes Leben zeigt sich im Gelingen der spannungsreichen Vereinigung der Gegensätze. *Welche* Gegensätze aufgrund unserer Persönlichkeit oder aufgrund unseres Lebensschicksals als besonders kraftvoll nach Verwirklichung streben und besonders konfliktreich miteinander ringen – das können du und ich individuell herausfinden. Dies gehört in das letzte Kapitel (individuelle Selbstverwirklichung vom Typus Omega). Ich komme darauf zurück.

Das Streben nach persönlichem Glück

Ein erfülltes Leben vom Typus Alpha ist die Wunscherfüllung, die Erfüllung meiner Sehnsüchte und Träume. Es lohnt sich zu Lebzeiten, ihnen auf die Spur zu kommen. Und es lohnt sich, in einer Lebenszwischenbilanz dankbar und würdigend ins Auge zu fassen, was sich, vielleicht nur teilweise und vorübergehend, erfüllt hat. Denn von Haus aus neigen wir dazu, den Mangel deutlicher zu empfinden als das Erfüllte. Die heimatlich Verwurzelte wird vom Fernweh, der Weitgereiste vom Heimweh geplagt. Das ist nützlich für das Überleben, denn ein Mangel kann gefährlich werden. Für den Daseinsgenuss hingegen ist es fatal. Kurz nach dem Aufwachen meldet sich der innere Griesgram, voller Verdruss über all das, was er gestern nicht geschafft hat, und über all das, was ihm heute, umgeben von lauter Lästigkeiten und Widrigkeiten, bevorsteht: »Guten Morgen, liebe Sorgen, seid ihr auch schon alle da?« Statt dass der innere »Bruder Jubilate-Kantate« mit Pauken und Trompeten den neuen Tag begrüßt – herrlich, gut geschlafen und schmerzfrei erwacht, ein warmes Bett, ein Dach über dem

Kopf, ein Frühstück in Aussicht, kein Hunger und keine Kälte, keine Angst vor Bomben und Banditen und umgeben von so vielem, was das Leben reich und wertvoll macht! Und vielleicht jemand in der Nähe, der auf mich wartet, für den oder die ich wichtig bin!? – Ich selbst bemühe mich, diesen inneren Bruder Jubilate-Kantate ein wenig zum Leben zu erwecken, manchmal mit Erfolg. Ich komme darauf im Delta-Kapitel (Daseinserfüllung) noch einmal zurück.

Die Erfüllung vom Typus Alpha ist nicht alles – es folgen noch vier weitere Kapitel. Aber die Botschaft dieses Kapitels ist nun klar: Du lebst *auch* um deiner selbst willen, und du stehst in der Selbstfürsorgepflicht, es dir nach Möglichkeit gut gehen zu lassen und Bedingungen zu schaffen, unter denen du aufblühen kannst! Jeder Mensch hat es verdient, irgendwann, irgendwo sein kleines Himmelreich auf Erden zu haben oder gehabt zu haben. Vielleicht hast du ein großes Talent in Hinblick auf den »Pursuit of Happiness«? Dieses Loblied auf den Hedonismus braucht allerdings eine Ergänzung: Das Streben nach persönlichem Glück kann übergewichtig werden – das wäre eine Gefahr für ein erfülltes Leben, und deshalb sollte Alpha durch Beta ergänzt und vertieft werden – siehe nächstes Kapitel. Vielleicht mangelt es dir aber auch an Begabung, dein kleines Himmelreich auf Erden zu finden und dir zuzugestehen. Oder irgendetwas in dir protestiert, wenn du dir erlaubst, danach zu streben. Dann lohnt es sich, daran zu arbeiten. Wer in dir sehnt sich nach etwas, und wer in dir protestiert? Bring die beiden in Kontakt miteinander! Und wer in dir war bisher zu schüchtern, um sich zu melden? Wer will noch entdeckt und abgeholt werden? – Und die Schwester nicht vergessen!

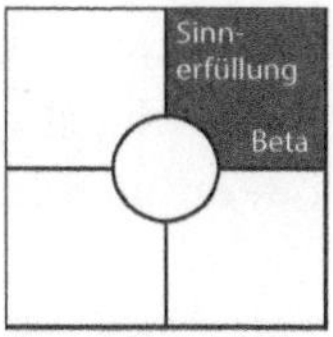

4 ERFÜLLUNG VOM TYPUS BETA: SINNERFÜLLUNG

Wie schön, dass ich geboren bin –
es macht womöglich einen Sinn!

Offenbar ist der Mensch nicht nur darauf aus, das eigene Wohlbefinden zu steigern und zu sichern – zu erstreben und zu empfangen, was seinem eigenen Körper und seiner eigenen Seele guttut. Der Mensch will auch gebraucht werden. Für etwas da sein, was über ihn selbst hinausgeht, was ihn transzendiert. Es macht den Menschen aus, dass er einen Sinn braucht im Leben. Besonders Viktor Frankl hat das betont und auf diese Erkenntnis seine »Logotherapie« aufgebaut. Ging es beim Typus Alpha um die Frage:

Was hat sich *für* dich erfüllt?

so lautet die Beta-Frage:

Was hat sich *durch* dich erfüllt?

Bei Martin Schleske, einem Geigenbauer, habe ich gelesen: »Wer ein erfülltes Leben sucht, hat keine andere Wahl als zu fragen, was sich durch ihn erfüllen soll. Das ist wohl das Wesen des Glücks.«[1]

Für wen, um was hast du dich verdient gemacht – und sei es auch nur im allerkleinsten Maßstab? Kaum einer ist ein Kandidat oder eine Kandidatin für ein pompöses Denkmal. Dass auch unauffällige Menschen von allergrößter Bedeutung sind, ist uns während der Corona-Pandemie ein für alle Mal bewusst geworden: die Kassiererin im Supermarkt, der Paketbote, die Altenpflegerin, der Busfahrer, die Müllleute, der Erntehelfer, die Polizistinnen ... Sie waren es, die das gesellschaftliche Leben aufrechterhalten haben – nicht im Home-Office, sondern draußen, in den gefährlichen Zonen der tagtäglichen leibhaftigen Begegnungen. Das war und ist gewiss nicht immer ein Vergnügen, aber es machte und macht Sinn – und sollte nicht nur mit beifälligen Worten, sondern auch mit menschenwürdigen Arbeitsbedingungen und fairer Bezahlung anerkannt werden.

Zum Gelingen des Ganzen beizutragen, von dem ich ein Teil bin – das ist uns existenziell aufgegeben. Ich bin ein Teil von etwas, was nicht nur ich selbst bin – Teil einer Familie, einer Nachbarschaft, eines Teams, eines Unternehmens, einer Kommune, einer Nation, einer Menschheit, einer Schöpfung. Das Erstaunliche ist, dass es nicht nur eine moralische Verpflichtung ist, zum Gelingen des Ganzen beizutragen, etwas, was wir uns in sittlicher Anstrengung abzuringen haben, sondern offenbar ein Urbedürfnis der menschlichen Seele – sofern nicht in ihrer Entwicklung etwas gründlich schiefgelaufen ist. Jeder Mensch braucht für seine Selbstachtung und für sein Glück täglich eine kleine Dosis Bedeutung für jemand anderen oder für eine Sache, für die es sich zu engagieren lohnt. Schon im Poesiealbum stand geschrieben:

> Willst du glücklich sein im Leben,
> Trage bei zu anderer Glück!
> Denn die Freude, die wir geben,
> kehrt ins eigene Herz zurück!

Lassen wir einmal Viktor Frankl selbst zu Wort kommen:

> *»Wir begegnen da einem Phänomen am Menschen, das ich für fundamental anthropologisch halte: die Selbst-Transzendenz menschlicher Existenz! Was ich damit umschreiben will, ist die Tatsache, dass Menschsein allemal über sich selbst hinausweist auf etwas, das nicht wieder es selbst ist – auf etwas oder auf jemanden: auf einen Sinn, den zu erfüllen es gilt, oder auf ein anderes menschliches Sein, dem wir da liebend begegnen. Im Dienst an einer Sache oder in der Liebe zu einer Person erfüllt der Mensch sich selbst. Je mehr er aufgeht in seiner Aufgabe, je mehr er hingegeben ist an seinen Partner, umso mehr ist er Mensch, umso mehr wird er selbst.«*[2]

Für Viktor Frankl ist das wahre Glück eine Nebenfolge des Sinnstrebens. Wer »ein Glücksgefühl unter Umgehung der Sinnerfüllung herbeizuführen sucht«, ist nach seiner Überzeugung schon auf dem Holzweg. Glück ist ein Kollateralnutzen des Sinnstrebens, eine »Begleiterscheinung des Sein-Ziel-erreicht-Habens«.[3]

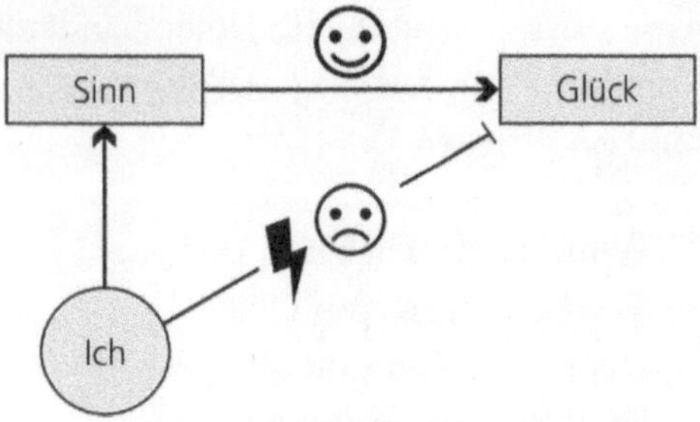

Abb. 6: Zwei Wege zum Glück – nur einer davon ist nach Frankl aussichtsreich (Abbildung: Schulz von Thun)

Besonders deutlich wird ihm dies, wenn mit Alkohol oder Drogen, also durch chemische Einwirkung, das Glücksgefühl geweckt werden soll. Darin sieht Frankl die Folge, aber auch die Ursache einer »existenziellen Frustration«, die ohne Antwort auf die Frage *Wozu lebe ich?* bleibt. Auch wenn ich der totalen Straßensperrung in Abbildung 6 hin zum individuellen Glück nicht zustimme, scheint mir doch diese Beta-Philosophie richtig und wichtig. Eine Humanistische Psychologie, die diesen Namen verdient, soll in ihrer Idee der »Selbstverwirklichung« diese Sinndimension gut im Auge behalten. Eine so verstandene Selbstverwirklichung ist kein Egotrip, weil unser Selbst starke Anteile enthält, die darauf aus sind, im Rahmen einer Wir-Zugehörigkeit zum Gelingen von Kooperation und zu einem liebevollen Miteinander beizutragen. Die Ethik entsteht aus der Natur des Menschen heraus und ist ihr nicht zuwider. Du kannst es in manchen Momenten deines Lebens beobachten, wenn du eigentlich findest, du solltest mal egoistisch sein, aber es dann doch nicht »übers Herz bringst« – wie es in der deutschen Sprache so schön heißt –, eine Bitte abzuschlagen. Jedenfalls ist das ein *Teil* deiner Natur. Freilich liegen auch andere Anteile auf der Lauer und sind eher darauf aus, die Selbstbehauptung im Kontext knapper Ressourcen obenan zu stellen. Mit diesem ihm eingeborenen Dilemma bekommt es der Mensch zeitlebens zu tun – und was wir von ihm halten, hängt stark davon ab, wie er mit diesem Dilemma tagtäglich und in seinem ganzen Leben umgeht. Gleich dazu ein Beispiel! Vorher noch die Frage: Wenn das wirklich ein Bedürfnis der menschlichen Seele ist, zum Gelingen des Ganzen beizutragen, gehört dieses Bedürfnis dann nicht bereits in den Quadranten Alpha (Wunscherfüllung)?

Logisch ja, psychologisch nur teilweise. Was sich *für* mich erfüllt, ist eine unmittelbar selbst genossene Wonne und hat eine hedonistische Färbung. Was sich *durch* mich erfüllt, kann zwar ebenfalls meiner Seele guttun: meine Selbstachtung steigern, mir Anerkennung und Sympathie einbringen. Und dies sowohl in der Rückschau, wenn die »Lebe-wie-du-wenn-du-Regel« aktuell wird (»Lebe, wie du, wenn du stirbst, wünschen wirst, gelebt zu haben!«), als auch schon in der Gegenwart des Tuns und Wirkens und der Erfahrung von positiver Resonanz. Aber die Färbung ist hier weniger hedonistisch als vielmehr eudaimonistisch. Und was ich aus Pflichtgefühl vollbringe und auf mich nehme, kann in heftigen Widerstreit geraten mit den rein egoistischen Bedürfnissen und Wünschen, mit der Selbstfürsorge und dem individuellen Glücksstreben.

Alpha und Beta: Zwei Seelen in der Brust

Bei der Beratung mit dem Inneren Team kommt es häufig vor, dass sich bei einer konkreten Fragestellung zwei innere Stimmen zu Wort melden. Die eine sagt: »Ich möchte gerne!« – Die andere sagt: »Ich sollte ...!«

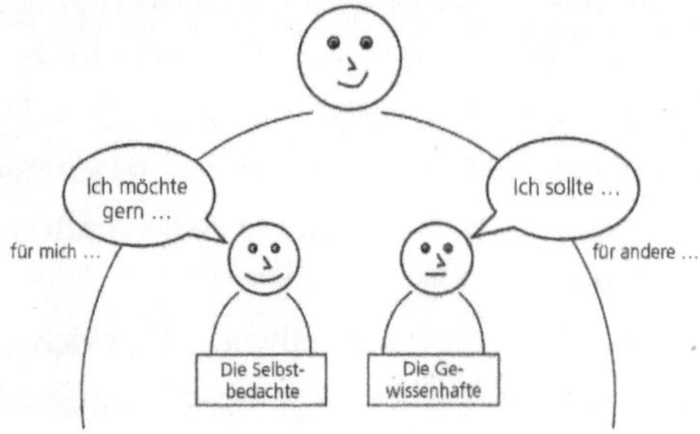

Abb. 7: Zwei widerstreitende Stimmen im Inneren Team

Die Philosophie, die sich mit dem Modell des Inneren Teams verbindet, besagt: Gut, dass *beide* da sind und dass sich *beide* zu Wort melden! Beide inneren Wortmelder sind ehrenvolle Mitglieder deiner inneren Gesellschaft. Mach nicht den einen zum Engel und den anderen zum Teufel! Denunziere nicht die Selbstbedachte als »die Ego-Zicke in mir«! Wäre da *nur* Alpha, dann könntest du zwar gut für dich sorgen, aber würdest Gefahr laufen, das zu verfehlen, was das Leben dir aufgibt. Die unbedingte Optimierung des eigenen Wohlbefindens führt in die Sinnkrise. Und wäre umgekehrt nur Beta präsent, würdest du Gefahr laufen, in die Depression derer zu schlittern, die den Kontakt zu den eigenen vitalen Bedürfnissen verloren haben und zum Beispiel im »Helfersyndrom« (Schmidbauer)[4] landen. Gut also, dass beide da sind, auch wenn dies die Entscheidung erst einmal erschwert. Wie aber löse ich diesen allfälligen Konflikt zwischen Alpha und Beta? Wer soll sich letztlich durchsetzen, und nach welchen Kriterien ist das zu entscheiden? Dazu gibt es zwei Antworten. Erstens, es hängt von der *Situation* ab. Zweitens, es hängt von der *Person* ab, die hier nach einer Antwort sucht.

Erstens, es hängt von der Situation ab. Mich fasziniert der Satz von Viktor Frankl:

> *Jede Situation ist ein Ruf, auf den wir zu horchen, dem wir zu gehorchen haben.*[5]

Es gehe darum, hellhörig zu werden, um die jeder einzelnen Situation innewohnende Forderung herauszuhören. Manchmal ist der Ruf, diese Forderung, objektiv und eindeutig. Wenn ein Kleinkind in den Pool fällt und ich im Liegestuhl nahebei liege, dann muss ich mich schleunigst erheben und das Kind retten. Die Frage nach der Schuld (Wie konnte das geschehen, wer hätte da aufpassen müssen?) ist jetzt unerheblich; auch, dass ich schwer erkältet bin, ist irrelevant in diesem Moment. Ich werde es mir selbst zeitlebens danken, wenn ich gleich hinterhergesprungen bin – und wehe mir, wenn nicht. Dieser Unterschied zwischen augenblicklicher Befindlichkeit und tiefer Sinnerfülltheit ist mir an einem Dienstagvormittag eindrücklich geworden. Der Montag war beruflich sehr anstrengend gewesen, mit einer Vorlesung am Abend, und erschöpft hatte ich mich auf den Dienstagvormittag gefreut: erst mal Kaffee im Sessel und Zeitung und wieder zu mir selbst kommen! Da klingelt das Telefon – allein das war eine Zumutung. Eine fremde Ärztin war am Apparat: Die alte Tante meiner Frau müsse dringend ins Krankenhaus, soeben sei ein gefährlicher Tumor erkennbar geworden. Ob es mir oder meiner Frau bitte möglich wäre, unverzüglich in die Praxis zu kommen? Ach du Schreck – meine Frau war in der Arbeit. Was für eine Gemeinheit des Schicksals, dass es ausgerechnet mich jetzt trifft! Es beschämt mich einzugestehen, dass im ersten Moment die Bestürzung darüber ebenso groß war wie die Bestürzung über die Diagnose und wie schlimm es die Tante getroffen hat. Aber schon im Taxi war alles anders, *in mir* alles anders. Was für ein Glück, was für ein Segen, dass ich erreichbar war, dass ich ihr jetzt beistehen konnte, dass ich Zeit hatte! Keine Gemeinheit, sondern eine Gnade des Schicksals! Das meine ich mit Sinnerfülltheit im Unterschied zu Befindlichkeit. Es war überaus traurig und berührend, mit der Tante zum letzten Mal ihre Wohnung zu betreten, verstecktes Bargeld unter dem schweren Kühlschrank zu sichten, mit ihr alles zu besprechen, was jetzt werden soll. Ich habe diesen Tag nach Jahrzehnten nie vergessen, es war eine Erfüllung vom Typus Beta.

Nicht immer ist das Gebot der Situation, auf das wir zu horchen, dem wir zu gehorchen haben, so eindeutig. Im Gegenteil, es ist oft nicht leicht, dazu eine klare Haltung zu gewinnen – im Coaching zuweilen eine Schwerarbeit. Meist melden sich mehr als zwei Seelen in der Brust zu Wort. Angenommen, mein Freund steckt finanziell in der Klemme – ob ich ihm aushelfen könne? Jetzt kommt es drauf an! Ist er, von einem bösen Schicksal getroffen, unverschuldet in Not geraten – und ich habe etwas übrig? Dann wäre es wunderbar und goldrichtig, wenn ich ihm etwas geben kann. Oder ist er ein notorischer Bruder Leichtfuß mit einer kleinen Spielsucht nach Feierabend, und hatte schon immer das Talent, seine Freunde zu umgarnen, dass sie ihm aus der Patsche helfen sollten? Dann wird das Gebot der Situation fraglicher. Vielleicht geht es dann eher darum, einmal eine klare Grenze zu ziehen?

Neben der Situation kommt hier zweitens die Person ins Spiel: Wie ist *meine* Art, auf solch eine Situation zu reagieren? Bin ich von Haus aus ein rigider Geizhals, der keinen Cent herausrückt, es sei denn, der andere kann lückenlos seine Bedürftigkeit nachweisen und ebenso lückenlos belegen, dass er gänzlich unverschuldet in diese Not geraten ist? Dann gibt mir die Situation Gelegenheit zu einer persönlichen Erweiterung: mal fünfe gerade sein zu lassen, heiter und locker etwas springen zu lassen – eine kleine Selbstbefreiung aus dem engen Käfig der angestammten Persönlichkeit – großartig! Oder bin ich von Haus aus jemand, der immer gleich nachgiebig und gefällig ist, auch wenn eine innere Stimme Nein dazu sagt? Dann gibt mir die Situation vielleicht die Gelegenheit, dieses ungute Muster zu überwinden und einmal etwas abzulehnen – und die unweigerlich aufkommende Angst, dann nicht mehr »gemocht« zu werden, auszuhalten.

Die hier angedeutete Parallelbetrachtung von Situation und Person ist typisch für unsere Beratung unter dem Leitstern der Stimmigkeit. Deine Entscheidungen und Handlungen sind stimmig, wenn sie erstens der Wahrheit der Situation gerecht werden (und dem Ruf, der in ihr enthalten ist) und zweitens, wenn sie dir selbst gerecht werden, deiner inneren Wahrheit, einschließlich deiner Entwicklungswünsche. Ich komme auf diesen Leitstern im letzten Kapitel Omega (Selbsterfüllung) zurück.

Zurück zur Abbildung 7! *Mir selbst gerecht* wird die Antwort auf die gestellte Frage, wenn beide inneren Wortmelder, beide inneren Antagonisten, eine Lösung suchen und finden, die sie beide unterschreiben und mittragen können. Durch den inneren Konflikt ist diese Entscheidung zunächst zwar erschwert, sodann aber können wir aus der Not eine Tugend machen und führen die beiden Gegenspieler zu einer inneren Ratsversammlung zusammen. Aus dem zerstrittenen Haufen wird ein Team. Dort beginnt die Wahrheit zu zweit – und die Lösung auch! Damit einher geht die Befreiung vom Entweder-oder, von der Scheinalternative, von der mentalen Einstellung, ich müsste mich zwischen Ja und Nein entscheiden. Durch die Zusammenführung von Alpha und Beta komme ich zu Lösungen wie:

– Ich gebe dir das Geld gerne, unter einer Bedingung (zum Beispiel, dass du eine Spielsucht-Entziehungskur machst);
– nein, ich gebe dir nichts mehr, ich gebe keinen Cent in ein Fass ohne Boden. Aber ich biete dir an, dich zu einer Schuldnerberatungsstelle zu begleiten und mit dir daran zu arbeiten, deine Verhältnisse in Ordnung zu bringen.

Existenzielles Wertequadrat im Spannungsfeld von Alpha und Beta

So viel zu dem Fall, dass ein Konflikt zwischen Pflicht und Neigung entsteht, zwischen dem, was mir das Situationsgebot abverlangt, und dem, was mir meine Selbstfürsorge aufgibt. Bezogen nicht nur auf eine spezielle Situation, sondern generell auf unser gesamtes Leben, ergibt sich ein existenzielles Wertequadrat im Spannungsfeld von Alpha und Beta. Dieses Wertequadrat habe ich im Coaching stets im Hinterkopf. Darin lässt sich mein Credo abbilden, das da lautet:

> *Der Mensch steht in der doppelten Dienstpflicht: zum Gelingen des Ganzen beizutragen, von dem er ein Teil ist, und zum Gelingen des Ganzen beizutragen, der er selbst ist.*

Jawohl, ich selbst bin auch »ein Ganzer«! Einer, der *auch* um seiner selbst willen lebt und ein Leben erstreben darf, in dem er aufblüht und die Freuden und die Schönheit des Daseins genießt, der seinen »Pursuit of Happiness« wahrnimmt, soweit immer möglich und vertretbar. Und wer hat dafür Sorge zu tragen, dass es mir gut geht und dass ich aufblühen kann? Die allererste Zuständigkeit liegt bei mir selbst, jedenfalls sobald ich erwachsen bin.

Diese erste Alpha-Dienstpflicht ist mit der zweiten in Ausgleich und Balance zu bringen, von der hier im Beta-Kapitel die Rede ist:

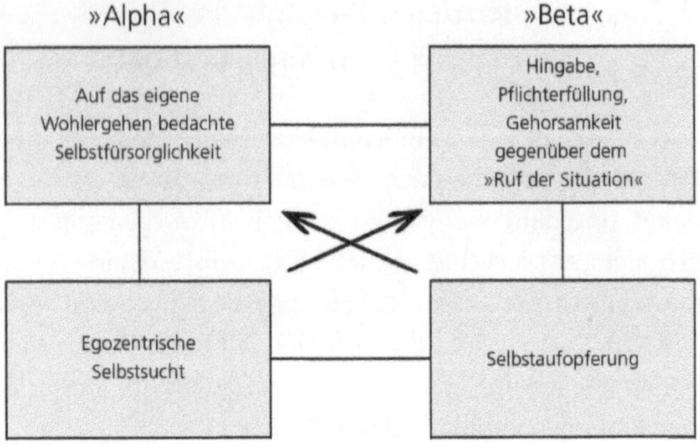

Abb. 8: Ethisches Balance-Quadrat

Wer sein Leben überwiegend oder ausschließlich unter dem Leitstern von Alpha führt, läuft Gefahr, nach links unten abzurutschen, in die Egozentrik und Selbstsucht – das eigene Wohlbefinden wird hier in narzisstischer Selbstherrlichkeit absolut gesetzt. Und wer als »Pflichtenmensch« sein Leben nach dem Leitstern von Beta ausrichtet, läuft in die Gegengefahr, die ureigenen Bedürfnisse und das eigene Aufblühen und Wohlergehen zu vernachlässigen, sich selbst nicht mehr zu spüren und sich für die vermeintlich höheren Zwecke aufzuopfern. Diese Gefahr besteht besonders dann, wenn Hingabe und Pflicht sich nicht aus eigener Entscheidung und selbstbestimmtem Lebenskompass ergeben, sondern von alten Einschärfungen oktroyiert sind (»Reiß dich zusammen, um dich geht es hier nicht!«). Die Psychoanalyse spricht von »Introjekten«, die von außen stammen, als Fremdkörper in der Seele antreibend den Ton angeben und einen lebenslangen inneren Widerhall erzeugen. Hier ist noch Arbeit zu leisten: Was ist wirklich meins, und welche Besatzungsmächte in mir sind hochwirksam, ohne dass ich sie wirklich geprüft und bestätigt, verwandelt oder verworfen hätte?

Die Erfüllung vom Typus Beta kann auch dann übergewichtig und geradezu toxisch werden, wenn ein Mensch auf der Suche nach seinem Lebenssinn hörig wird gegenüber mächtigen Sinnstiftern (Diktatoren, Sektenführerinnen, politischen Parteien mit ideologischer Ausrichtung, religiösen Predigern). Solche Sinnstifter verleiten dazu, sich mit Haut und Haar der angeblich guten Sache zu verschreiben und das eigene ganz persönliche Lebensglück hintanzustellen oder sogar zu verachten. Erst und nur aus der totalen Hingabe an die gemeinsame Aufgabe darf Zugehörigkeit, Selbstwertgefühl und eine haltgebende Identität entstehen – eine solche Fehlentwicklung ist begünstigt, wenn der Lebenssinn nicht im eigenen Herzen gewachsen ist und wenn die Lebenserfüllung nicht auch in den anderen Feldern gesucht wird, gesucht werden darf.

In der Psychotherapie, in der Seelsorge, der Beratung, im Coaching geht es oft um diese Selbstbestimmung und dann auch um die Balance in Abbildung 8. Und manch ein Mensch, den wir rechts unten verorten (oder er sich selbst), der in selbstruinöser Hingabe an einen Menschen oder an eine Sache vor dem Zusammenbruch oder am Rande der Depression steht oder der »nur noch funktioniert«, braucht dringend eine Ermutigung, die Qualität links oben zu erobern: die eigenen Bedürfnisse und Sehnsüchte zu spüren, gelten zu lassen, nach außen zu vertreten. Für manche Menschen ein langer und schwerer Weg (»Man darf doch nicht selbstsüchtig sein« – Zack! Da haben wir die fatale Gleichsetzung von links oben und links unten)! Und manch ein Mensch, der in der genussfreudigen Optimierung des eigenen Wohlbefindens sein höchstes Ziel sieht, den wir (oder er sich selbst) links unten verorten, braucht dringend eine Ermutigung, den Beta-Pol rechts oben zu erobern: dienstbar zu werden für etwas, was nicht er selbst ist – und diese Qualität von Sinnerfüllung zu entdecken – nicht (nur) aus moralischen Gründen, sondern um seiner Selbstachtung und Selbstzufriedenheit willen.

In der Therapie und im Coaching steht diese Entwicklungsrichtung (von links unten nach rechts oben) viel seltener im Fokus. Ich erinnere mich aber an eine Frage von meiner Lehrerin Ruth Cohn[6], an mich, den jungen Professor, gerichtet:

»Was hast du dagegen, dich anzustrengen?«

Zum Hintergrund: Es ging in einer Gruppensitzung um die Frage, wie das Studium an der Universität lebendiger, praxisorientierter, menschlicher gestaltet werden kann – speziell in der Psychologie. Es wäre doch wichtig, dass am Ende nicht nur akademisch kluge Köpfe die Universität verlassen, sondern gute Psychologinnen mit Kopf, Herz und Hand! Und wer, wenn nicht ich, könnte und sollte sich als junger Professor dafür einsetzen? – Ich winkte lustlos ab: diese endlosen Sitzungen in Gremien, die Widerstände, die Finanzierungsprobleme, die akademischen Hürden – »Ihr glaubt ja nicht, wie anstrengend und zermürbend das ist!«. Offenbar war es nicht mein Traum vom Typus Alpha, mein Leben in endlosen Gremiensitzungen zu verbringen. Und dann die überraschende Entgegnung: »Was hast du dagegen, dich anzustrengen?«

Ich war verblüfft. Erwartet hatte ich eine empathische Reaktion von der Art: »Oh ja, das kann ich gut verstehen, und du brauchst ja auch deine ganze Kraft, um gute Lehre und Forschung zu machen, und du musst ja auch aufpassen, dass du nicht ausbrennst und im Burn-out landest!« – Stattdessen dieser Satz, ausgesprochen im Bewusstsein, dass es eine Erfüllung vom Typus Beta gibt, die der Mühe wert ist. – Der Satz war folgenreich und nachhaltig, ich bin der »Studienreformkommission« beigetreten und habe mich für ein praxisorientiertes und Selbsterfahrung ermöglichendes Studium eingesetzt, zusammen mit Gleichgesinnten, vor allem Alexander Redlich – und am Ende nicht ohne Erfolg. Es tut gut, auch mal ein etwas dickeres Brett zu bohren – gut für die Studierenden und gut für die eigene Seele.

Was die dicken Bretter angeht, wissen politisch engagierte Menschen ein Lied davon zu singen. Um durchhalten zu können, bedürfen sie unserer Unterstützung und Würdigung – und nicht unseres Verdachtes, sie würden ja nur, unter dem Deckmantel der Gemeinwohlorientierung (Beta), einen einträglichen Karriereposten (Alpha-Traum) erstreben. Dies mag zwar *auch* zutreffen – und wo diese Motivation dominant in Erscheinung tritt und die Gemeinwohlorientierung unter sich begräbt, muss sie offen kritisiert und bekämpft werden –, aber der Generalverdacht a priori wäre ganz verkehrt. Oftmals leisten »die da oben« etwas, wozu du selbst nicht willens oder nicht fähig wärest. Wie oft – und besonders während der Pandemie – denke ich mit meinen schwachen Nerven: »Ich möchte jetzt nicht in ihrer Haut stecken!« – Wir schulden ihnen Unterstützung, Empathie und kritische Würdigung. Sonst bleiben wir bloße Kunden der Demokratie, die reklamieren, wenn »die Politik« nicht »liefert«.

Alpha und Beta in fruchtbarer Wechselwirkung

Nach Viktor Frankl entsteht, wenn die Erfüllung vom Typus Beta ins Leere läuft, ein *existenzielles Vakuum*. Eine solche Sinnleere wird zur existenziellen Frustration und kann ebenso krank und unleidlich machen wie die Nichtbeachtung eigener Bedürfnisse. Oft hat es den Anschein, als ob die beflissene Optimierung der eigenen Wellness nur eine seelische Verlegenheitslösung ist, um sich abzulenken von dieser tief empfundenen Ratlosigkeit und existenziellen Frustration. So wie jemand seine Melancholie mit Schokolade bekämpft. Die hedonistische Rechnung geht nicht auf: Die Depression zeigt sich als diesseitiger Racheengel. Der »Ego-Trip« erscheint weniger als ein moralisches Versagen – das ist er sicher auch –, sondern mehr noch als eine beklagenswerte innere Verfassung, die der Seelsorge oder der Therapie bedarf. Es gilt, einen seelischen Teufelskreis zu durchbrechen: Je ratloser ich bin, was den Sinn meiner Existenz betrifft, umso mehr hedonistische Ablenkung (Konsum, Fun, Prestige, Schokolade) benötige ich, und je mehr ich meine Lebensenergie auf diese Surrogate ausrichte, umso ratloser und frustrierter werde ich auf der tieferen Ebene des existenziellen Sinnempfindens. Die beiden Fragen »Was will ich vom Leben?« und »Was will das Leben von mir?« gehören zusammen.

Diese Zusammengehörigkeit symbolisiere ich gern im Bild des Schlüssels, siehe Abb. 9:

Abb. 9: Schlüssel mit Kopf und Bart als existenzielles Sinnbild

Der *Kopf* des Schlüssels ist ein Sinnbild dafür, dass ich *auch* um meiner selbst willen da bin, mit einem eigenen Recht, dass ich es mir gut gehen lassen soll in diesem Leben und dass ich berechtigt und verpflichtet bin, meine Wünsche und Träume, wenn möglich, zu verwirklichen. Das ist das eine, und manche(r) tut sich sehr schwer, diesen Teil zum Strahlen zu bringen. Der untere Teil ist der *Bart* des Schlüssels, sein Profil, das ins Schloss greifen soll. Dieser Bart symbolisiert meine Kräfte, Talente und Fähigkeiten. Solche, die in mir angelegt sind, und solche, die ich entwickelt und mir erarbeitet habe. Mit diesem Profil kann ich Türen für andere Lebewesen aufschließen, mache ich mich zum dienstbaren Instrument einer gelingenden Koexistenz. Vielleicht gibt es eine Tür in diesem Leben, für die nur ich das passende Profil habe, jedenfalls in manchen Momenten, so wie an besagtem Dienstagvormittag. Allein dafür würde es sich lohnen, da gewesen zu sein. Und die *Verbindungslinie von Kopf und Bart* symbolisiert, dass Kopf und Bart nicht getrennt, sondern kommunizierend miteinander verbunden sind: In dem Maß, wie es mir gelingt, es mir gut gehen zu lassen – in dem Maß habe ich die Kraft zur Hingabe. Und in dem Maße – umgekehrt –, wie mein Profil Türen öffnet, dienstbar und wirksam wird, in dem Maße fühle ich mich gestärkt, gebraucht, sinnerfüllt.

In diesem Kapitel war erst einmal viel von dem Konflikt zwischen Alpha und Beta in der menschlichen Seele die Rede und vom eingebauten Dilemma in der menschlichen Natur. Jetzt entdecken wir aber auch die Chance auf gegenseitige Befruchtung! Ein besonderes Glück entsteht, wenn das, was mir durch den Ruf des Lebens abverlangt wird, übereinstimmt mit dem, was ich zu geben fähig bin und was mir Freude macht. Wenn mein Bedürfnis und meine Berufung zusammenfallen, wenn mein sinnstiftendes Dasein zutiefst von meinem Wesen und den darin enthaltenen Wünschen und Wollen geprägt ist. Dann verschmelzen Alpha und Beta zu einem glückhaften »Alphabet«. Dann trifft der Vers von Tagore[7] zu:

Ich schlief und träumte,
das Leben wäre Freude.
Ich erwachte und sah,
das Leben war Pflicht.
Ich handelte, und siehe,
die Pflicht war Freude!

Ein extremes Beispiel wäre ein begnadeter Musiker, dem seine Musik ein tiefes Herzensanliegen ist, der davon beseelt ist und der damit viele Menschen erreicht, erfreut, berührt, vielleicht Jahrhunderte über sein Erdenleben hinaus. Diese Harmonie von *Können, Freude haben* und *Sinnstiftung* wird auch in einem kleinen und eleganten Modell aus Japan ins Auge gefasst, dem »Ikigai«. Du bist in deinem Ikigai, wenn deine Tätigkeit, deine Arbeit, dein Beruf vier Merkmale aufweist. Drei davon haben wir soeben schon genannt: Du kannst es gut, es macht dir Spaß, es macht Sinn – und jetzt viertens: Es ist hinreichend einträglich, du verdienst damit genug, um gut leben zu können. Ich denke sofort an Johann Sebastian Bach, bei dem die ersten drei Erfüllungsmerkmale in genialer Kombination gegeben waren, hingegen hat es mit seinem Verdienst gehapert: Er blieb, zu seinem großen Leidwesen, zeitlebens arm wie eine Kirchenmaus.

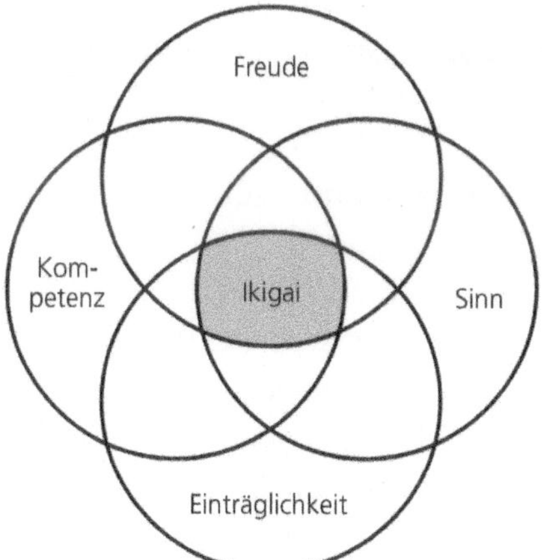

Abb. 10: Ikigai-Modell[8]

Ich finde dieses Erfüllungsmodell wunderbar, es bietet bei der subjektiven Bewertung einer Tätigkeit oder eines Jobs eine Orientierung: Was ist vorhanden und will gewürdigt sein – und in Hinblick auf welche Komponente(n) hapert es? Vielleicht kann ich etwas gut (Kompetenz) und verdiene mein gutes Geld damit (Einkommen) – aber es macht mir wenig Freude, und ich zweifle daran, ob das Produkt, an dessen Herstellung ich beteiligt bin, für die Welt einen Sinn macht. Vielleicht / hoffentlich lässt sich daran etwas ändern, denn »Bullshit-Jobs«[9] sind als ein großes Problem erkannt und benannt. Auch Unternehmen sind gut beraten, ihre Sinndimension (»Purpose«) zu reflektieren und zu kommunizieren: Welchen Beitrag zum Gelingen des Lebens auf Erden wollen wir mit unseren Produkten leisten? Zum Gelingen und zum Bewahren der Schöpfung! Wie wollen wir schädliche Wirkungen verhindern oder zumindest deutlich vermindern? Können unsere Mitarbeiterinnen und Mitarbeiter stolz sein, daran mitgewirkt zu haben?

Auseinandersetzung mit der Sinnkrise

Es kann wohl nicht ausbleiben, hin und wieder am Sinn des eigenen Tuns und Wirkens zu zweifeln. 1971, zu Beginn meiner Berufstätigkeit als Psychologe, stand ich schwer unter dem Eindruck der kritischen Verachtung, welche die »Linken« an der Universität der »bürgerlichen Psychologie« entgegenbrachten. Der Vorwurf lautete: »Ihr mit eurer Psychotherapie kuriert an den Symptomen eines inhumanen Systems! Die Probleme eurer Klienten sind der Entfremdung und der Ausbeutung in unserer Gesellschaft geschuldet. Diese gesellschaftlichen Verhältnisse muss man verändern und nicht am Individuum herumkurieren, wo sich die Probleme zwar niederschlagen, aber wo sie nicht entstanden sind. Mit eurem psychologisierenden Ansatz helft ihr nur, die schlimmsten Auswirkungen des Systems zu mildern – und tragt so dazu bei, es zu stabilisieren! – Und wenn ihr den Vorgesetzten beibringt, sich netter zu verhalten und wertschätzend zu kommunizieren, dann legt ihr der Ausbeutung ein humanes Mäntelchen um, und ihr verabreicht dem Wolf schöne Kreide, damit seine Stimme heller und sympathischer wird! Auch hier wieder wird die grausame systemimmanente Inhumanität nicht nur nicht bekämpft, sondern verbrämt und mit geschmeidiger Psychologie noch etwas effektiver gemacht!«

Oha, das war Fundamentalkritik! Zwar waren mir manche der linksengagierten Studentinnen und Studenten »irgendwie« unsympathisch, aber hatten sie vielleicht trotzdem recht? Ich richtete diese Frage 1973 an Carl Rogers, einen der großen Vorreiter der Humanistischen Psychologie. Er hatte meinen Lehrer Reinhard Tausch, der die personenzentrierte Gesprächspsychotherapie in Deutschland verbreitete, lehrte und erforschte, in San Diego zu einem Mittagessen eingeladen, als junger Assistent durfte ich auch dabei sein. Ich erinnere vor allem, dass er nicht gleich eine erhoffte Antwort gab, sondern zunächst zurückfragte: »And what do you answer to them?« Typisch Rogers: Keine geistigen Fertigwaren vom Experten liefern, sondern den Fragenden anregen, seine eigene Antwort zu finden – und sich erst dann dialogisch einfädeln! Seine eigene Antwort wird ähnlich gewesen sein wie die, die ich später bei

Gerhard Szczesny ausformuliert gefunden habe (»Das sogenannte Gute«[10]). Sinngemäß und in meinen Worten: Jedes System hat seine immanenten Schwächen, seine eigenen Entfernungen vom Ideal eines menschenwürdigen Lebens in Freiheit, Sicherheit, Brüderlichkeit, Gerechtigkeit. Und wenn ein System von himmelschreiendem Unrecht, von Willkür, Konzentrationslagern und gewaltsamer Unterdrückung gekennzeichnet ist, dann gibt es nur den einen humanen Imperativ, dieses System zu stürzen, notfalls, wenn vertretbar, auch mit Gewalt. Wenn es Schwächen hat, skandalöse Entwicklungen hervorbringt, dringend nötige Reformen nicht zustande bringt – aber prinzipiell mit demokratischen und rechtsstaatlichen Mitteln reformierbar ist, dann wird die Humanisierung des Systems zur Aufgabe, durch politisches und gesellschaftlich wirksames Engagement – erstens. Und zweitens: Die Humanisierung des Einzelnen und seiner zwischenmenschlichen Beziehungen bleibt unter allen Bedingungen die andere Aufgabe: Herzensbildung, Dialogfähigkeit, Empathie und individuelles Selbstbewusstsein, ein gelingendes und erfüllendes Privatleben kann nicht vom System garantiert werden, sondern braucht das humane Engagement im persönlichen Leben. Und wer Mühe hat, mit sich selbst und anderen klarzukommen, überhaupt wer mit sich selber in seiner Persönlichkeitsentwicklung weiterkommen will, braucht Bildung, Ermutigung, Anleitung, Coaching und Psychotherapie. Und das macht so lange Sinn, wie wir dabei den systemischen Blick nicht verlieren: den systemischen Blick, der uns sehen lässt, wie ein erfülltes Leben von den Gegebenheiten drum herum ermöglicht oder behindert wird. Die *Humanisierung der Bedingungen* und die *Humanisierung des Menschen unter allen Bedingungen* – in diesem doppelten Auftrag stehen wir, das eine ohne das andere und das andere ohne das eine hieße, nur auf einem Bein zu stehen. In genau diesem Sinn und Geist begreife ich auch das Lebenswerk von Erich Fromm.[11]

Damit sah ich meine Sinnfrage vorerst beantwortet. Zwar läuft die Kommunikationspsychologie immer auch Gefahr, ungute Ziele (der Manipulation, der Imageprofilierung) zu verfolgen – ich habe von »Schmieröl-Psychologie« gesprochen.[12] Aber der Ansatz der Humanistischen Psychologie, Klarheit, Wahrheit und Dialog einzuüben, halte ich für emanzipatorisch! Es geht nicht darum, Pech und Schwefel mit rhetorischer Zuckerwatte zu übertünchen, sondern das, was ich als Pech und Schwefel erkannt habe oder empfinde, in guter Weise zur Sprache zu bringen!

Vielleicht haben Sie Lust, Ihr Leben in Hinblick auf eine Erfüllung vom Typus Beta auszuleuchten. Wofür würden Sie sich selber einen kleinen Orden verleihen? Wo ist Ihr Tun und Wirken von Sinn und Segen, wo stellt sich die Sinnfrage? In welcher Hinsicht wollen und können Sie noch zulegen? Hier kann eine Gliederung in Vergangenheit, Gegenwart, Zukunft hilfreich sein. Was habe ich in der Vergangenheit geleistet, was vielleicht keinen Spaß gemacht hat, dafür aber Sinn? Wo habe ich eine gute Spur hinterlassen? Der Sinn meiner Existenz kann auch darin bestehen, auf der Lebensbühne eines anderen Menschen irgendwann einmal, vielleicht nur in einem einzigen begnadeten Moment, eine förderliche Rolle gespielt und zum Gelingen seines Lebens beigetragen zu haben – vielleicht schon als Kind!? Vielleicht bin ich schon älter und kann etwas vorweisen, was man etwas pompös eine »Lebensleistung« nennt? Ich selbst habe für mein »Lebenswerk« wiederholt eine enorme Würdigung erfahren, die größte Sensation war die völlig unverhoffte Verleihung der Ehrendoktorwürde durch die Universität St. Gallen. Was die Sinnerfüllung vom Typus Beta angeht, empfinde ich mich als privilegiert, es gibt ein gutes Lebensgefühl. Dennoch, was Gegenwart und Zukunft angeht, speist sich die Lebenserfüllung nur wenig aus den Meriten der Vergangenheit. Es heißt: Lorbeer verwelkt über Nacht. Sie speist sich vielmehr von den Brötchen, die täglich frisch gebacken werden. Wie kann ich heute, morgen und übermorgen dienstbar werden für ein gelingendes Leben in meinem Umkreis? Aus der Entwicklungspsychologie lernen wir, dass die Erfüllung vom Typus Beta im Alter »Generativität« heißt: »Hast du was gelernt im Leben, willst du es auch weitergeben!« Dass ich jetzt dabei bin, noch einmal ein Buch zu schreiben, ist gewiss davon beseelt. Und wenn ich Glück habe, bin ich beim Schreiben ganz im Ikigai: Es macht Freude, ich kann es gut, es macht (hoffentlich für manche Menschen) Sinn – und kann sogar einträglich werden, falls es sich gut verkauft. Eine einzige Wonne der Erfüllung? Das nun auch nicht, leider wird es immer wieder mühsam: Ist diese Passage nicht ziemlich banal, sind jene persönlichen Beispiele nicht peinlich und narzisstisch? Muss ich unbedingt den Ehrendoktor erwähnen? Was ich gestern noch klug und passend fand, treibt mir heute eine leichte Schamröte ins Gesicht. Die Uneinigkeit meiner inneren Co-Autoren macht mir zu schaffen. Mach dir den inneren Kritiker zum Freund, sage ich mir, er will ja auch zum Gelingen beitragen und mich vor Blamage und Shitstorm schützen – anstrengend! Aber: »Was hast du dagegen, dich anzustrengen?«

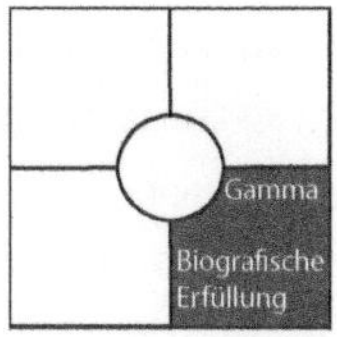

5 ERFÜLLUNG VOM TYPUS GAMMA: BIOGRAFISCHE ERFÜLLUNG

Wie es endet und wie es begann:
mein ganzes Leben ein Roman!

Kommt ein Mensch zur Welt, wünschen wir dem Neugeborenen (und beten vielleicht zu Gott), dass ihm oder ihr ein schönes und langes Leben bevorstehen möge. Ein etwas banger Wunsch, denn man weiß ja nicht, wie es dann wird und am Ende ausgeht. Es kann schließlich auch schlimm kommen. Und wahrscheinlich wird es, unter Freuden und Beschwerden, ein Auf und Ab geben. Und wie es werden wird und was da los sein wird, das muss sich erst noch zeigen. Es hängt zum Teil vom Menschen selbst ab. Kopf, Herz und Hand werden ihm geschenkt, nun kommt es darauf an, was er daraus macht. Am Drehbuch seines Lebens kann er ein wenig – und zuweilen ein wenig mehr – mitschreiben, freilich nicht als Autor in völliger Selbstbestimmung. Vieles wird ihm widerfahren, schon von Geburt an. Und auch wenn der Satz »Dein Charakter ist dein

Schicksal«[1] in ruhigen Zeiten gewiss ein Stück Wahrheit enthält, so ist doch sofort einzuräumen, dass dein Lebensschicksal durchaus auch von Mächten bestimmt wird, die nicht in deiner Hand liegen, auch nicht in deinem Charakter. Dein Charakter selbst ist bereits zum erheblichen Teil Ergebnis deines Schicksals, das dir in jungen Jahren widerfährt. Und auch wenn der Satz »Jeder ist seines Glückes Schmied« eine Wahrheit enthält – und nicht bloß als Ideologie eines neoliberalen Kapitalismus abgetan werden kann –, so gilt doch auch, um im Bilde zu bleiben, die andere Hälfte der Wahrheit: »Du bist das heiße Eisen auf dem Amboss deines Schicksals!« Und das, was passiert und sich ereignet, wenn Schmied und Amboss zusammenwirken, das ist die Einmaligkeit eines Menschenlebens, auf das man gespannt sein darf. In dieser Einmaligkeit liegt die Erfüllung vom Typus Gamma.

Das reichhaltig gelebte Leben

Angenommen, ich werde kurz vor oder nach dem Ende meines Lebens gefragt: »Und? Wie war's?« – Was werde ich dann antworten, was halte ich für berichtenswert? Was wähle ich aus den vollen Scheunen der Erinnerung aus, was war wichtig und wesentlich? Oder angenommen, es soll ein Film über dein Leben gedreht werden – welcher rote Faden bietet sich an, welche Schlüsselszenen deines Lebens sollten unbedingt darin vorkommen? Worum geht es in diesem Film? Wie ergeht es der Heldin, dem Helden in diesem Film, in diesem Leben? Welche Drachenkämpfe musste sie ausfechten, welche Wunden wurden ihm geschlagen? Wofür hat sie gelebt, welche Umstände und Verwicklungen, welche Krisen und Niederlagen, welche Momente von Glückseligkeit, welche Begegnungen und Beziehungen waren wichtig? Welche anderen Menschen sollten in dem Film unbedingt auftreten? Welche Schlüsselszenen deines Lebens sollten unbedingt in diesem Film reinszeniert werden? Von Stefan Zweig gibt es ein Buch mit dem Titel »Sternstunden der Menschheit«. Das waren historische Momente, die entscheidende Weichen auf dem Weg in die Zukunft stellten. Welche »Sternstunden« deines Lebens darf der Regisseur auf keinen Fall weglassen? – Und der Titel des Films? Darüber entscheiden wir nach Ende der Dreharbeiten!

Oder angenommen, eine Gruppe sitzt um das Lagerfeuer herum, und es entsteht die Idee, sich darüber zu unterhalten, was jeder Anwesende schon mal erlebt hat: »Erzähl mal eine Geschichte aus deinem Leben!« – Ach du Schreck, was wähle ich aus? Es sollte doch spannend sein, oder? Oder komisch und witzig. Oder berührend, vielleicht sogar aufwühlend. Oder schmerzhaft oder triumphal. Vielleicht komme ich hier in Verlegenheit – ach, ich habe nichts Großartiges erlebt, alles normal, unspektakulär, ereignisarm. Manch anderer dagegen hat auf diese Aufforderung nur gewartet, legt sofort los und hört nicht wieder auf – und alle hängen atemlos an seinen Lippen.

Ich selbst gehöre eher zur ersten Gruppe. Die Haupternte meines Lebens ist nicht vom Felde Gamma. Jedenfalls denke ich das immer wieder. Als ich den Roman »Narziss und Goldmund« von Hermann Hesse las, wurde mir das allzu bewusst. Das Leben der beiden Freunde könnte unterschiedlicher nicht sein. Narziss hat eine ruhige, gesicherte Position, hat alles im

Griff, planvoll und klug in seiner ganzen Lebensführung, gedankenreich, geistreich, souverän – und eines ist nahezu sicher: Morgen wird es in etwa so sein wie heute und gestern. Ganz anders Goldmund, ihn zieht es immer wieder hinaus ins Unbekannte, ins Abenteuer, dorthin, wo man nicht weiß, wie es ausgehen wird. Entsprechend hat er ein überaus abwechslungsreiches, intensives Leben, eine spektakuläre Kette spannender Abenteuer. Freilich ist es ein Leben zuweilen hart am Abgrund. Hermann Hesses Sympathie mit einem solchen Leben kommt in jener Passage zum Ausdruck, die man auch als Hymne auf die Erfüllung vom Typus Gamma lesen kann:

> *Ja, und es war vielleicht nicht bloß kindlicher und menschlicher, ein Goldmundleben zu führen, es war am Ende wohl auch mutiger und größer, sich dem grausamen Strom und Wirrwarr zu überlassen, Sünden zu begehen und ihre bitteren Folgen auf sich zu nehmen, statt abseits der Welt mit gewaschenen Händen ein sauberes Leben zu führen, sich einen schönen Gedankengarten voll Harmonie anzulegen und zwischen seinen gehüteten Beeten sündelos zu wandern. Es war vielleicht schwerer, tapferer und edler, mit zerrissenen Schuhen durch die Felder und auf den Landstraßen zu wandern, Sonne und Regen, Hunger und Not zu leiden, mit den Freuden der Sinne zu spielen und sie mit Leiden zu bezahlen.*[2]

Das Feld Gamma steht für Ereignis- und Erlebnisreichtum in einem »wirklich gelebten Leben«. »Wenn man nicht gelebt hat, macht das Sterben auch keinen Spaß!«, scherzt der Jesuitenpater Niklaus Brantschen.[3] Dahinter steckt die nicht unplausible These, dass nach einem »wirklich gelebten Leben« das Sterben-Müssen leichter zu akzeptieren ist. Und gewiss gehören zum wirklich gelebten Leben auch die schweren Zeiten – die Schicksalsschläge, die Krisen, die schweren Krankheiten, die schmerzlichen Ereignisse. Als der ehemalige Finanzminister Griechenlands, Yanis Varoufakis, in einem ZEIT-Interview die Aufs und Abs seiner Lebenskurve kommentieren sollte, sagte er: »Sie zeigen: Glück ist nicht alles. Aber ich halte es mit Goethe und mit Sophokles: Solange man nicht die Tiefen von Frust, Drama und Tragödie kennengelernt hat, erlebt man keine Katharsis – und kann nicht wirklich glücklich sein.«

Mein Großvater erzählte »gern« vom Krieg, vom Ersten Weltkrieg. Es war grausam, schrecklich und gewiss nicht heroisch, vier Jahre lang im Schützengraben an der Somme in Frankreich tagtäglich ums Überleben zu kämpfen, ausersehen als Kanonenfutter für Kaiser Wilhelm und das Deutsche Reich. Und doch bekam ich den Eindruck: Es ist wirklich etwas, was er erlebt, durchgemacht, durchgestanden – und etwas, was sein Leben geprägt und einmalig gemacht hat. Ein Menschenleben kann auch von Schrecklichem erfüllt sein. Ein »erfülltes Leben« ist nicht ein »glückliches Leben«, jedenfalls nicht nur und nicht unbedingt. Wenn ich manche Biografie lese, entsteht bei mir eine Mischung aus Bewunderung, Neid und dankbarer Erleichterung. Bewunderung im Sinne von »Meine Güte, was für ein Leben!«, Neid im Sinne von »Mein Leben ist vergleichsweise unspektakulär – nicht jeden Tag neue aufregende Herausforderungen, sondern ein Dahingleiten im geruhsamen Gleichmaß!« – und Erleichterung im Sinne von »Gottlob muss(te) ich nicht durchmachen, was dieser Mensch hat durchmachen müssen oder wollen!«.

So ging es mir, als ich zum Beispiel die Lebenserinnerungen der Psychologen Arthur Koestler[4] und Manès Sperber[5] gelesen habe. Oder gerade jetzt lese ich in der ZEIT von Helmuth Donat über das Leben des völlig vergessenen Hans Paasche, der 1920 einem rechtsextremen Mordanschlag zum Opfer fiel.[6] 1881 im Kaiserreich geboren, wird er um die Jahrhundertwende Marine- und Kolonialoffizier. Als Paasche in Deutsch-Ostafrika eintrifft, findet er dort ein Schlachtfeld vor: Ein Aufstand der Urbevölkerung war brutal und blutig niedergeschlagen worden. Er entwickelt eine tiefe Sympathie, und zwar für die Afrikaner. Vier Jahre lang bleibt er, freundet sich mit den Menschen und ihrer Kultur an, lernt ihre Sprache. Er romantisiert ihre Ursprünglichkeit und entwickelt einen kritischen Blick auf das zivilisierte, aber eben auch zerstörerische Europa. Wieder daheim, schreibt er ein Buch und verarbeitet seine Erfahrungen und seine Wandlung literarisch. Er wird den Mächtigen in Staat und Gesellschaft suspekt, nicht zuletzt seinem eigenen Vater, der als Professor und Vizepräsident des Reichstags all das vertritt und verkörpert, was dem Sohn verhasst geworden ist: Militarismus, Nationalismus, Kolonialismus. Er heiratet eine Gleichgesinnte und setzt sich politisch-ökologisch für eine natürliche Lebensweise ein, beklagt »das Leid der geschändeten Natur«. 1914 beginnt der Erste Weltkrieg. Als Marineoffizier ist er im Einsatz und bald in kritischer Distanz zum Krieg, den er zunächst als Verteidigungskrieg angesehen hatte, aber bald als Angriffskrieg erkennt. 1916 wird er aus der Marine entlassen. Er engagiert sich als Pazifist, ruft die Soldaten auf, die

Waffen niederzulegen. Das hat eine Anklage wegen Hoch- und Landesverrats zur Folge, man erklärt ihn schließlich für geisteskrank. 1918 befreien ihn die aufständischen Matrosen aus der Psychiatrie. Sogleich stürzt er sich wieder ins politische Getümmel, gründet einen Arbeiter- und Soldatenrat. Inzwischen hat er vier Kinder, das älteste sieben Jahre alt, das jüngste noch ein Säugling. Da stirbt seine Frau an der Spanischen Grippe. Dennoch im nächsten Jahr eine Veröffentlichung, »Das verlorene Afrika«, dennoch eine politische Kandidatur zu den Gemeinderatswahlen, ausgerechnet gegen den eigenen Vater. Den Wahltag erlebt er nicht mehr. Jemand schwärzt ihn an als kommunistischen Aufrührer. Er ist 39 Jahre alt, als er vor den Augen seiner Kinder von einer Mörderbande erschossen wird.

Was für ein kurzes und zum Teil schreckliches Leben, aber auch: was für ein Leben! Dürfen wir von einem »erfüllten Leben« sprechen? Unbedingt, jedenfalls was den Typus Gamma angeht. Die anderen Felder wären gesondert zu untersuchen: Der Himmel auf Erden (Alpha) blieb ihm, soweit erkennbar, weitgehend vorenthalten, sein sinnerfülltes Engagement (Beta) für eine bessere Welt hingegen ist phänomenal.

Vielleicht geht es manchen Leserinnen, manchem Leser so wie mir, wenn ich solche Lebensgeschichten lese. Mir kommt mein eigenes Leben im Vergleich – wie soll ich sagen – nicht harmlos, langweilig, ereignislos vor – das wären die falschen Worte. Aber doch weitaus mehr in der »Komfortzone«, viel weniger aufwühlend, viel weniger engagiert und kampfbereit für das Gute und gegen das Böse, viel weniger abenteuerlich, mit viel mehr tagtäglichem Trott. Eine Zeit lang war ich überzeugt, dass eine Erfüllung vom Typus Gamma bei mir schwach ausgeprägt sei. Das wäre kein Grund zur Beunruhigung, solange die Lebenserfüllung aus den Quellen von Alpha und Beta quillt oder von Delta (nächstes Kapitel). Auch ist in einer Welt, in der viel aus den Fugen geraten ist und in der das Leben schon immer lebensgefährlich war, ein Gleichmaß von Ruhe, Komfort und Berechenbarkeit überhaupt nicht zu verachten. Und doch habe ich zuweilen mein Leben für überaus unspektakulär gehalten – verglichen mit den aufregenden Biografien manch berühmter Frauen und Männer. 34 Jahre meines Lebens habe ich am Schreibtisch des Raumes 4089 im »Wiwibunker« der Hamburger Universität verbracht sowie in den umliegenden Hörsälen und Seminarräumen. »*Wir sollen heiter Raum um Raum durchschreiten, an keinem wie an einer Heimat hängen ...*« – ja, von wegen!

Und doch, wenn ich mein Leben rückschauend betrachte und reflektiere, entdecke ich unvermutet »romanverdächtige« Geschehnisse und Verläufe. Mancher Lebensabschnitt, den ich jahre- und jahrzehntelang nicht für erwähnenswert gehalten hatte, erweist sich plötzlich als interessant, bedeutsam, einschneidend.

Biografisches Beispiel: Meine Grundschulzeit auf dem Lande

Liebe Leserin, lieber Leser, jetzt kommt eine längere Passage aus meinem Leben als Kind. Wenn Sie mehr am Modell und seinen Inhalten interessiert sind und weniger an der Jugend des Autors, dann können Sie diese Passage unbeschadet überschlagen. Ich füge sie hier aber in der Hoffnung ein, dass Sie angeregt werden, den eigenen Roman in Ihrem Leben zu entdecken.

Wir schreiben das Jahr 1950, ich bin sechs Jahre alt. Wir wohnen im Haus meiner Großeltern väterlicherseits, ich werde überwiegend von Oma und Opa betreut. Ich soll bald in die Schule kommen, hier in Hamburg-Rahlstedt habe ich Ute, meine tägliche gleichaltrige Freundin aus der Nachbarschaft. Aber dann eine Überraschung: Meine Mutter eröffnet mir eines Morgens im Bett, ich soll zu den anderen Großeltern, ihren Eltern, umziehen. Sie erwähnt nicht, dass sie sich von meinem Vater trennen will. Zu den anderen Großeltern also, die demnächst aufs Land ziehen, wo es viele Pferde, Schweine und Hühner gäbe. Wieso aufs Land? Ja, der Opa werde pensioniert mit 65 Jahren. Er war bisher Hausmeister im Haus Wedells, dem Gästehaus des Hamburger Senates am Dammtor-Bahnhof. Ja, da war ich oft gewesen, sollte sogar einmal einem Riesen die Hand geben, das war Bürgermeister Max Brauer. Hinterher hat mein Opa – nicht geschimpft, aber doch kritisch – angemerkt, meine Verbeugung sei kläglich gewesen, kein richtiger Diener, den ich doch gelernt hätte, stattdessen nur so ein kurzes Nicken. Na gut, aber Haus Wedells mit seinen großen Räumen und den vielen Plüschsesseln war immer schön gewesen. Hier waren auch Bill und Jimmy, zwei Besatzungsoffiziere aus England, einquartiert. Die waren richtig nett und schenkten mir manchmal Schokolade. Als die Besatzungszeit zu Ende ging und sie wieder zurück nach England durften (oder mussten?), haben Oma und ich sie zum Dammtor-Bahnhof gebracht und zum Abschied noch lange gewinkt. Meine Tante deutete später an, Oma hätte mit dem einen von den beiden »was gehabt«.

Aber nun ging für Oma und Opa die Zeit im Haus Wedells zu Ende, und sie wollten, besser, sie mussten aufs Land. Denn da waren die Mieten verkraftbar, 30 DM im Monat für eine sehr kleine Dreizimmerwohnung im Obergeschoss, ohne Heizung, ohne Badezimmer, das Klo war unten im Schweinestall, und Wasser nur aus einer Handpumpe in der Küche.

Aber vorerst sind wir noch in Rahlstedt, im Bett der Mutter. Ich wollte da nicht weg, meine liebe Oma Rahlstedt war ein herzensguter Garant für Geborgenheit – was meine Eltern im Kampf ums Nachkriegsdasein nur mit Mühe hinbekamen. Ich wollte nicht weg und sagte: »Ich will bei Oma Rahlstedt bleiben, Oma Hamburg ist so streng!« Ich hatte erwartet, dass meine Mutter mir das jetzt ausreden wollte – und war völlig überrascht, dass sie dies sofort einräumte: »Oh ja, das stimmt, streng ist sie!« – Aber die wunderbaren Kühe, Schafe, Pferde, Hühner der umliegenden Bauern, und der Opa wollte ein eigenes Schwein mästen – und was das Schönste wäre: Ich könnte in den Schulferien immer nach Rahlstedt kommen und im Doppelbett der Großeltern in der Besucherritze schlafen. Und am Wochenende käme sie uns in Tornesch besuchen. – Also gut, wenn es denn so sein soll …

Tornesch ist die Bahnstation, aber das Dorf Ahrenlohe, wo ich mit Oma und Opa Hamburg einzog, lag zwei bis drei Kilometer dahinter. Jetzt gab es ein Problem. Ahrenlohe hatte zwar eine Dorfschule, aber nur einen Lehrer – und alle Kinder zwischen sechs und 14 Jahren wurden in einer Klasse unterrichtet. Das fand meine Mutter »suboptimal« (würde man heute sagen) – schließlich sollte ich später einmal aufs Gymnasium kommen. Tornesch hatte überhaupt keine Schule, aber ein Dorf weiter, in Esingen, da gab es eine richtige Volksschule von der ersten bis zur achten Klasse. Meine Mutter setzte beim Rektor durch, dass ich dort eingeschult werden durfte, obwohl das gegen die Vorschriften war. Sie hatte wirklich an alles gedacht, auch an das Problem: Wie komme ich an jedem Schultag von Ahrenlohe nach Esingen und zurück? Die Lösung: mit dem Fahrrad. Noch in Rahlstedt bekam ich ein Kinderfahrrad und lernte darauf zu balancieren. Hinten hielt jemand den Gepäckträger fest und rannte mit – und irgendwann ließ er los, ohne dass ich es merkte. Dieses Problem war also auch gelöst, aber das nächste war schwieriger: Aus Sicherheitsgründen sollte ich nicht die Asphaltchaussee von Ahrenlohe nach Tornesch und von Tornesch nach Esingen fahren, sondern über die Feldwege. Da habe ich mich mehrfach verirrt und wusste nicht mehr ein noch aus – was sich als Albtraum bis heute erhalten hat. Der Unterricht fand abwechselnd vormittags und nachmittags statt, eine Woche »Frühschicht« und eine Woche »Spätschicht«. Um zur Frühschicht um 8:00 Uhr in der Schule zu sein, musste ich gegen 7:00 Uhr zu Hause starten, und das war im stockdunklen Winter – heute würde man sagen: eine Herausforderung, aber das Wort war damals ungebräuchlich – einfach so, wie es war. Bei Tiefschnee musste ich zu Fuß gehen – mir graute davor, aber nach der Hälfte des Weges traf ich Schulkameraden, und das war lustig. Statt der sanften Behütung in Rahlstedt war hier nun alles rau und fordernd, aber ich hatte rote Backen in dieser Zeit. Und auf dem Schulweg ist fast immer alles gut gegangen – bis auf einmal. Da war ich, inzwischen acht Jahre alt, doch über die Chaussee zur Schule gefahren. Ein Mädchen lief mir vor das Rad, als es plötzlich die Straßenseite wechselte. Es kam glimpflich davon, ich aber stürzte kopfüber über den Lenker nach vorne, prallte auf den Asphalt und blutete stark am Kopf – verletzte Haut lappte über das rechte Auge. Entsetztes Geschrei der Schüler um mich herum, weit und breit kein Erwachsener, kein Auto. Da trat ein »großes« Mädchen, ebenfalls auf dem Weg zur Schule, auf mich zu, es war 13 Jahre alt. Sie beugte sich über mich, fragte, ob ich gehen könne – sie wisse, wo ein Arzt wohne, ungefähr einen Kilometer entfernt. Und so gingen wir zu zweit zum Arzt, sie schob mein Fahrrad, und wahrscheinlich habe ich ein Tuch auf die Wunde gehalten. Tatsächlich, da gab es in Tornesch einen Arzt. Er hat die Wunde gereinigt und genäht, mir einen dicken Kopfverband gemacht. Die 13-Jährige brachte mich dann, wieder zu Fuß, nach Ahrenlohe, nach Hause zu Oma und Opa. Wieder schob sie mein Fahrrad kilometerweit – und versäumte an diesem Tag die Schule.

Die Erinnerung an diese Rettung war mir in den folgenden Wochen und Monaten unbehaglich. Ich wollte doch ein großer Junge, ein ganzer Mann sein – und war jetzt, bedürftig, klein und hilflos, auf ein »Mädchen« angewiesen gewesen. Mit der Zeit habe ich den Vorfall »vergessen«, obwohl die Narbe in der rechten Augenbraue bis heute sichtbar geblieben ist. Erst 57 Jahre später, mit 65 Jahren, kam mir der Unfall wieder in den Sinn – und jetzt kam endlich die Dankbarkeit und die Würdigung auf: Das war wirklich eine reife Leistung einer 13-Jährigen gewesen, so viel Umsicht und Verantwortung – selbst doch noch ein Kind! Ach, was gäbe ich darum, die verspätete Dankbarkeit doch noch auszusprechen! Aber das war ja aussichtslos – würde sie überhaupt noch leben? Wie würde sie heißen?

Wo wäre sie zu finden? Aber dann geschah es auf einem Klassentreffen der alten Esinger Schule, dass ich einem Klassenkameraden den Vorfall schilderte und hinzufügte: »Ich weiß nur noch, dass sie Karin mit Vornamen hieß, und an einer ihrer Hände waren drei Finger abgetrennt.« »Das gibt es nicht!«, rief der Kamerad. »Das ist meine Schwägerin! – Ja, sie lebt noch, ich muss erst herausfinden, wo!« Er fand es heraus, und ich schrieb ihr einen Brief. Dieser kam bei ihr an wie ein Komet aus einem fernen Universum, stand lange auf ihrem Nachttisch. Wir haben uns dann getroffen, und über die Jahre hinweg noch mehrmals – es ist immer beglückend, wenn sich eine ungeschlossene Lücke im Leben doch noch schließt!

Das andere Mädchen, das mir vor das Fahrrad gelaufen war, war gleichaltrig und in der Parallelklasse. Es wurde offenbar schuldig gesprochen an dem Unfall und in der Schule getadelt. Als ich nach zehn Tagen wieder zur Schule kam, wollten ihre Mitschüler(innen) sie auf dem Schulhof zwingen, mich anzuschauen, und drehten ihren Kopf gewaltsam in meine Richtung. Aber sie schämte sich und wehrte sich und wollte nicht. Es ist mir ein Rätsel, warum ich mich in sie verliebt habe – aber nur heimlich, ich war schüchtern, und wir hatten nie Kontakt. Aber immer wieder habe ich sie auf dem Schulhof mit den Augen gesucht und an sie gedacht. Warum verliebt »man« sich in jemanden, obwohl oder weil sie einen Unfall verursacht hat? Ist es die Wirkmächtigkeit des Schicksals, die kollateral einen Pfeil ins Herz schießt?

Ein Roman über die Schulzeit in Esingen hätte mehrere Kapitel. Hier nur eine Begebenheit als Beispiel: Einer der Lehrer kam meist etwas verspätet in den Unterricht, wollte aber sichergehen, dass es still war in der Klasse und dass dort nichts passierte. Mein Freund und Sitznachbar Wolfgang (»Scholli«) Scheufgen wurde zur Aufsichtsperson ernannt: Er sollte vor der Klasse an der Tafel stehen und die Namen von jenen, die laut waren oder sonstwie Mist machten, mit Kreide auf die Tafel schreiben. Die würden dann eine Strafe bekommen. Wir ahnten damals nicht, dass dies ein pädagogischer Kunstfehler war. Der arme Scholli löste den schrecklichen Loyalitätskonflikt, in den er da getrieben war, indem er meistens alle Namen an der Tafel kurz vor Erscheinen des Lehrers wieder auswischte, meist gerade noch rechtzeitig. Manchmal aber, wenn jemand es zu dreist trieb oder wenn keine Zeit zum Auswischen blieb, blieben ein oder zwei Namen stehen. Einmal traf es mich, und ich bekam eine gehörige Strafarbeit. Dafür habe ich Scholli in der nächsten Pause schlimm verdroschen – der »Weichkäse« aus Rahlstedt hatte inzwischen gelernt, unter den Dorfjungen zu überleben und zuzuschlagen. Abends im Bett hatte ich mehrmals heimlich das Buch »Theo boxt sich durch« aus dem Schneider-Verlag gelesen.[7] Scholli drohte unter Wut-Tränen, er werde mich ab jetzt immer sofort aufschreiben und niemals wieder löschen. Aber er tat es nicht. Das wurde von den Mitschülern genauestens registriert: Wer ihn verhaut, wird niemals wieder aufgeschrieben, hörte ich sie später sagen. Trotzdem hat das unsere Freundschaft nicht zerstört. Diebische Freude hatten wir, wenn die Lehrerin am Ende der Stunde Fragen diktierte, die wir dann zu Hause aufgrund der Lektüre des Lehrbuches beantworten sollten. Heimlich hatte einer von uns das Buch aufgeschlagen auf dem Schoß, entnahm ihm die Antworten und diktierte sie flüsternd dem anderen. So hatten wir am

Ende die Hausaufgaben schon fertig. Ach, wie schön wäre es gewesen, mich bei Scholli nach 57 Jahren für die Schläge zu entschuldigen und einmal auszusprechen, wie wichtig er mir war in diesen Zeiten damals. Zum Klassentreffen kam er nicht, er war schon seit Langem verstorben.

Zurück nach Ahrenlohe. Die ärmlichen Verhältnisse in der Wohnung haben mich nie gestört, soweit ich mich erinnern kann. Ich schlief mit der Oma in einem Zimmer, das gerade Platz hatte für zwei Betten. Waschen konnte man sich in der Küche an der Pumpe. Das Plumpsklo war unten im Schweinestall. Toilettenpapier war knapp und teuer, »wir Männer«, Opa und ich, benutzten das »Hamburger Abendblatt«, das tatsächlich immer abends kam. Auf dem Klo las ich von einem Otto John, der irgendwie, bezogen auf die DDR, ein rätselhafter Spion war. Unten wohnte die Witwe Anne Franke, die Eigentümerin des Hauses. Einmal erwähnte sie gegenüber meinem Großvater, dass sie die Leichen Verstorbener wasche, bevor sie beerdigt würden, für einen Nebenverdienst. Opa kopfschüttelnd: »Da gev ik di nich mehr de Hand!« Und Anne Franke: »Tja, Willy, eint mut dat ja moken!« – Außer Anne Franke wohnten unten ihr Sohn Walter mit seiner Frau Adelheid und einem einjährigen Sohn. Die werden gleich noch wichtig. Außerdem eine Flüchtlingsfamilie und eine sehr alte Frau, sie hieß Frau Kimmerling und saß bis zu ihrem Tod immer vor der Haustür auf einem Stuhl, wenn die Sonne schien.

Eines Sonntags kam meine Mutter zu Besuch und: »Ich muss dir was sagen!« Na? »Du hast doch mal den Klaus kennengelernt, nicht wahr? Den mag ich sehr gern und er mich auch. Ich will mich von Papi scheiden lassen und den Klaus heiraten. Er ist sehr nett und mag dich auch gern. Und da ist noch etwas. Er hat eine kleine Tochter, die ist ein Jahr alt, und ihre Mutter ist gestorben. Dieses Kind soll hierher nach Ahrenlohe kommen und unten wohnen, bei Adelheid und Walter Franke. Die haben ja den kleinen Ronald im gleichen Alter, da ist sie dann erst mal gut aufgehoben. Und Klaus, ihr Vater, kommt sie dann immer sonntags besuchen, und dich dann auch – und so wachsen wir dann als neue Familie zusammen. Und wenn in zwei Jahren deine Grundschulzeit zu Ende ist, kommen du und die Kleine zu uns nach Hamburg, und wir wohnen alle vier zusammen. Was sagst du dazu?«

Gut, dann ist das wohl so, nur eine Frage: »Wie soll ich ihn denn nennen? ›Papi‹ wäre doch komisch …« – »Ja genau, darüber haben wir uns auch Gedanken gemacht. Unsere Idee ist, dass du *Daddy* zu ihm sagst – das ist Papi auf Englisch.« Also gut, Daddy! Weitgehend blieb ja erst mal alles beim Alten, ich wohnte ja oben bei Oma und Opa, unten war das kleine Mädchen – ein süßes Kind mit großen traurigen Augen. Manchmal holte ich sie hoch, zum Spielen. Das machte Spaß, und bald sah die Kleine nicht mehr so traurig aus. Und sonntags kam Daddy, und das war richtig gut! Vormittags spielte er mit seiner Tochter, und nachmittags zogen wir los, zum Beispiel in den Wald, kletterten auf Bäume und beobachteten Rehe. Das war für mich etwas umwerfend Neues – ein richtiges Vater-Erlebnis! Mein richtiger Papi hatte viel mit sich selbst zu tun, nach seiner einjährigen Kriegsgefangenschaft: Rechtsanwalt zu werden, Geld zu verdienen, wieder Tennismeister im Club zu werden wie vor dem Krieg. Ich sah ihn ja in den Ferien, wenn ich bei der »lieben Oma« in Rahlstedt war – aber er stellte mit mir nichts auf die Beine. Einmal kam er überraschend Sonntagnachmittag mit Oma und Opa Rahlstedt nach Ahrenlohe zu Besuch. Unangekündigt, wir hatten dort kein Telefon. Ach du Schreck! Es wurde schnell beschlossen, dass Daddy sich im Garten verstecken und sich dann zurückziehen sollte. Ich musste zum Kaffeetrinken ins Haus. Gut, das war eben so? Nein, diesmal habe ich (heimlich) geweint.

Dann geschah es, dass meine Mutter mit einem großen Schiff nach Amerika fuhr, für ein halbes Jahr. Es gab nach dem Krieg so einen Austausch für junge Leute. Bei uns blieb alles so wie vorher, außer den langen Briefen hin und her auf dünnem Luftpostpapier. Aber dann sollte Oma auf Geheiß meiner Mutter einen Brief an Daddy schreiben: Er möchte bitte nicht mehr sonntags nach Ahrenlohe kommen. Mutter und er hätten schlimmen Streit, erklärte sie mir. Er hatte ihre USA-Reise heftig missbilligt und auf ihrer sofortigen frühzeitigen Rückkehr bestanden. Einen solch heftigen Besitzanspruch wollte sie nicht dulden und brach daher die Beziehung ab. Daddy kam also sonntags nicht mehr – gut, das war eben so. Wieso er auch seine Tochter nicht mehr besuchte, ist mir heute im Rückblick unerklärlich und nicht erinnerlich. Aber einige Wochen später durfte er doch wiederkommen, offenbar hatte sich die Beziehungsgroßwetterlage wieder verbessert. Ich holte ihn vom Bahnhof ab, war aber etwas befangen und hatte lange hin und her überlegt, was ich zu der ganzen Situation sagen sollte. Ich habe mich dann für den Satz entschieden: »Du warst ja lange nicht da!« …

Nun war wieder alles wie vorher – bis sich die Beziehung abermals verschlechterte, und diesmal endgültig. Es kam zum

Bruch. Daddy kam nicht mehr, und eines Tages wurde meine kleine Beinahe-Schwester von ihren Großeltern abgeholt, die schon ziemlich »alt und klapprig« waren, wie man damals sagte.

Ja, die Großeltern! Meine waren noch fit – und vor allem: von einer selbstverständlichen Verlässlichkeit! Ich habe das als Kind nicht würdigen können, weil es eben so war – so wie die Luft zum Atmen. Zur Luft sagt man ja auch nicht: »Ach du gute Luft, es ist großartig, dass du auch heute Morgen wieder vorhanden bist und dass mein Tag mit schönen, aber auch lebensnotwendigen Atemzügen beginnen kann – und dann den lieben langen Tag hindurch, und selbst nachts stehst du unermüdlich und verlässlich zur Verfügung!« Und doch hätte ich es Oma und Opa gerne einmal gedankt und es ihnen hoch angerechnet, dass sie mir in den labilen Nachkriegsjahren so viel Halt geboten haben – obwohl Opa humpelnd an Rheuma litt (»mein Ischias!«) und Oma an schlimmstem Ohrensausen und Kreislaufstörungen. Aber Dankbarkeit und Würdigung sind innere Spätmelder in der Menschenseele – und als es mir 30 Jahre später bewusst wurde und ich »spruchreif« gewesen wäre, waren sie schon tot. Seit ich selbst so alt bin, denke ich oft an sie. Zum Beispiel an die Fahrradtouren mit Opa, bei denen wir immer jeder einen Spankorb und eine kleine Schaufel auf dem Gepäckträger hatten. Warum? »Da vorne liegt wieder eins dreißig auf der Straße!« Pferdemist war wertvoll, so wertvoll wie 1,30 DM, weil man damit den Garten düngen konnte. Also anhalten und auflesen!

Meine Trennung von Daddy war ohne Abschied, ich habe ihn niemals mehr wiedergesehen. Nur hörte ich nach einigen

Jahrzehnten noch von seinem Tod. Aber 60 Jahre nach jener Zeit in Ahrenlohe, als mir diese wieder mehr in Erinnerung gekommen war, habe ich mich gefragt: Was mag aus dem kleinen Mädchen geworden sein? Welches Lebensschicksal war ihm zuteilgeworden, was hat es daraus machen können nach diesem schweren Start ins Leben? Sie war ja sieben Jahre jünger als ich, könnte also durchaus noch am Leben sein!? Aber wo und unter welchem Namen? Dann vergaß ich es wieder – bis ich in der Zeitung einen Artikel las über eine Susanne Panter, die sich darauf spezialisiert hatte, jeden lebenden Menschen auf diesem Planeten mit 98-prozentiger Erfolgswahrscheinlichkeit ausfindig zu machen. Sofort fiel mir meine Beinahe-Schwester wieder ein. Ich schrieb dieser Frau Panter eine Mail und fand ihr Angebot fair: 200 Euro für ihre Recherchearbeit und (nur) im Erfolgsfall noch einmal 288 Euro obendrauf. Es vergingen viele Wochen, und Susanne Panter kam fast an ihre Grenze, aber dann kriegten wir sie doch zu fassen! Sie hieß nun ganz anders, nämlich Safi Nidiaye, und lebte abwechselnd in Spanien und Südfrankreich. Und ebenso wie ich schrieb sie Bücher[8], hatte schon viele veröffentlicht und war in ihrer Szene sehr bekannt. Sie hatte eine Methode zum Umgang mit Gefühlen entwickelt, eine Art innerer Seelsorge. Nicht zu fassen, es gab sie also! Und ihr beruflicher Schwerpunkt war dem meinen nicht ganz unähnlich. – Wenn man darin mehr als einen Zufall sehen will, könnte man mutmaßen: Nachdem in Deutschland der Krieg überstanden war und der Wiederaufbau halbwegs geglückt, das Leben und Überleben halbwegs gesichert war, meldete sich die Seele zurück, mit all dem, was in ihr angerichtet worden war. Und nicht nur die Seele, sondern auch die Frage: Wie gehen wir nach Überwindung von Obrigkeitsstaat und Diktatur in einer freiheitlich gedachten Demokratie miteinander um? Die Beziehung von Mensch zu Mensch konnte und musste jetzt zum Thema werden, und wir waren Kinder unserer Zeit.

Wie auch immer: Ich schrieb ihr eine Mail und bekam sofort eine hocherstaunte Antwort, beginnend mit den Worten »Na so was ...!« Sie konnte mich ja nicht kennen, auch wenn sie damals angefangen hatte, meinen Vornamen kleinkindlich auszusprechen: »Fiete!« Über dieses bittere Jahr in Ahrenlohe hatte man ihr später kaum etwas erzählt. Obwohl ich ein ausgeprägter Reisemuffel bin, machte ich jetzt eine Ausnahme: Zusammen mit meiner Frau und meiner Tochter folgte ich Safis Einladung nach Südfrankreich, und wir wurden von ihr und ihrem Mann überaus herzlich aufgenommen. Wäre meine Mutter noch am Leben, wäre sie fassungslos gewesen (vor Freude). Im Gepäck hatte ich den Briefwechsel zwischen meiner Mutter und Safis Vater, den ich im Nachlass gefunden hatte – alles in altdeutscher Sütterlinschrift, unlesbar, aber es gibt einen Verein mit ehrenamtlichen Mitarbeitern, die solche Schrift entziffern und übertragen (vielen Dank!).[9] Sollen Kinder in die intimen Dokumente ihrer Eltern Einblick nehmen? Vielleicht / wahrscheinlich nicht, aber in diesem Fall fand ich es doch passend und gerechtfertigt. Immerhin wurden hier die Billardkugeln unseres Lebensschicksals angestoßen. Auch wenn wir nicht wie vorgesehen und »probegelebt« Schwester und Bruder geworden sind, bleiben wir nun per E-Mail in Kontakt.

Die Tornescher Jahre gingen bald zu Ende. Im letzten Jahr habe ich mich am Wochenende häufig in die Bahn gesetzt und meine Mutter in Hamburg besucht. Sie hatte sich dort ein

Zimmer zur Untermiete genommen. Und dort erfuhr ich: Sie würde sich mit meinem Vater wieder zusammentun – und mit Beginn des Gymnasiums hätten wir zu dritt eine Wohnung in Hamburg, zur Untermiete bei einer Witwe. Und ich würde sogar ein eigenes Zimmer bekommen. Und in den Ferien dürfte ich immer zu Oma und Opa, aber jetzt nach Ahrenlohe.

So kam es. Und was dann geschah, wie sich dann alles entwickelte und welche Krisen mich dann erwarteten: das wäre ein neues Kapitel in meinem Lebensroman. Es sollte keine sehr glückliche Zeit werden, aber erfüllend irgendwie doch wieder – auf eine ganz andere Art. Die hier beschriebene Zeit in Ahrenlohe/Esingen habe ich jahre- und jahrzehntelang nur beiläufig erwähnt, auch mir selbst gegenüber – nach dem Motto: »Ja, da war ich bei meinen Großeltern zwischengeparkt, ziemlich am A. der Welt, wo außer einmal im Jahr Laternelaufen nicht viel los war. Die Schule war okay, ziemlich weit entfernt, das war's ...« – Klingt wenig erfüllend, oder? Wenn ich aber diese Lebenszeit bewusster und eingehender erforsche, erkenne ich, dass sie es »in sich hatte«. Und diese bewusste Erforschung eines Lebensabschnitts, den ich hier auf den letzten Seiten exemplarisch dargestellt habe, möchte ich Ihnen, liebe Leserin, lieber Leser, ebenfalls einmal nahelegen – besonders, wenn Sie, wie ich, eine Erfüllung vom Typus Gamma für sich selbst und Ihr Leben eher gering einschätzen. Wenn Sie aber mit der Lupe draufschauen, erleben Sie vielleicht ein blaues Wunder – und erkennen: Ein gar so trüber Gast auf Erden sind Sie gar nicht – und ich womöglich auch nicht ...

Verarbeitung bedeutsamer Lebensereignisse – ein 4-Felder-Modell

Mit welcher »Lupe« kann man auf wichtige Lebensereignisse schauen? Ich stelle Ihnen ein kleines Modell Marke Eigenbau vor, das ich in unserer Coaching-Ausbildung anbiete. Hintergrund ist der Gedanke:

Mein bisher gelebtes Leben kann eine reiche Quelle der Kraft, der menschlichen Substanz, der Weisheit sein, kann also zu einem wahren Schatz werden, wenn (und nur wenn) ich meine existenziellen Schlüsselerfahrungen nicht nur erinnert, sondern auch verstanden und emotional verarbeitet habe.

Im Coaching (und noch mehr in der Therapie) geht es nicht nur darum, klug und mutig Ziele zu erreichen, also die Zukunft zu erobern, sondern häufig auch darum, bereits Erlebtes zu verarbeiten. Das folgende sehr einfache 4-Felder-Schema soll helfen, Schlüsselerfahrungen zu gliedern und – im Wissen um diese Felder und um die Gesetze, die in ihnen gelten – gut zu verarbeiten. Sie, liebe Leserin, lieber Leser, können das Modell auch für die Selbstreflexion verwenden.

Die Schlüsselerfahrungen werden nach zwei Kriterien unterschieden: Erstens, bin ich selber aktiver Urheber des Geschehens – oder ist es mir widerfahren/zugestoßen? Und zweitens, ist es ein überwiegend beglückendes oder ein überwiegend schmerzliches Ereignis?

Abb. 11: 4-Felder-Schema existenzieller Schlüsselereignisse

Ich »liebe« 2-x-2-Felder-Tafeln, Sie auch? Sie sind einfach und differenzierend zugleich. Gehen wir die vier Felder, die hier entstehen, einmal durch!

FELD 1: Erinnere dich an ein wichtiges Ereignis in deinem Leben, wo du etwas getan, durchgestanden oder entschieden hast, was du dir hoch anrechnest! Sei es eine gute Tat, eine beachtliche Leistung, eine mutige Entscheidung, ein Sprung über den eigenen Schatten, eine menschliche Hingabe. Jedenfalls etwas, worauf du stolz sein kannst.

Hast du das je angemessen gewürdigt? Im Coaching oder in der Therapie kann es geboten sein, darauf einmal anzustoßen! Auch sollte die Therapeutin oder der Coach ein waches Auge auf solche Ereignisse haben, die in einer Schilderung vielleicht nur beiläufig erwähnt werden oder nur zwischen den Zeilen vernehmbar sind. Wenn ein stiller Stolz entsteht und tief in die

Seele hinabsinkt, stärkt er das Selbstwertgefühl und das Ressourcenbewusstsein – das Wissen darüber, was ich leisten und was ich aushalten kann. Hingegen sind zwei Varianten einer unguten Verarbeitung zu vermeiden oder zu korrigieren: erstens die »Vernichtigung« der guten Tat – das war alles Glück und Zufall, ein blindes Huhn findet auch einmal ein Korn. Und zweitens das narzisstische Bohei um die eigenen Heldentaten. Wenn du im stillen Herzen um deinen Wert weißt, musst du nicht anderen gegenüber ständig (und nervig) diesen Beweis antreten. Nur zuweilen und nur wenn es passt, sollst du es auch einmal zum Besten geben.

Wenn ich dieses Feld auf mich selbst in der geschilderten Tornescher Zeit anwende, dann kann ich nachträglich würdigen, dass der »Weichkäse« (so meine Mutter über mich) aus Rahlstedt die Entwurzelung gut durchgestanden und sich im wahrsten Sinne des Wortes durchgeboxt und in der Dorfschulklasse kraftvoll integriert hat. Und dass er unter höchst unkomfortablen und ärmlichen Lebensbedingungen seine gute Lebenslaune nicht verloren hat (– hätte ich diese »Ressource« heute noch?).

FELD 2: Hast du irgendwann in deinem Leben einen großen Fehler gemacht? Etwas, was du bereust und bedauerst? Was du dir selbst übel nimmst? Wo du richtig Bockmist gebaut hast? Sei es, dass du dich damit selbst geschädigt hast, oder sei es, dass du jemand anderem gegenüber schuldig geworden bist? In diesem Feld begegnet uns alles, was mit Sch anfängt: Schimpf und Schande, Scham und Scheitern, Schuld und Schmach.

Die erste wichtige Frage: Kannst du es zugeben, kannst du dazu stehen? Dies ist nicht selbstverständlich, denn der narzisstische Anteil in uns will uns vor diesem Eingeständnis bewahren – und sucht nach Möglichkeiten, das Sch… zu verleugnen oder mit Einflussfaktoren zu erklären, die außerhalb unserer Verantwortung liegen. Das Zugeben und Dazu-Stehen fällt leichter, wenn ich mir Fehlbarkeit, Schwäche und jegliche Abweichung vom Ich-Ideal überhaupt und generell zugestehe. Ich nenne es »Souveränität höherer Ordnung«.[10]

In diesem Fall kann ich mir den Fehler oder die Verfehlung oder das Versagen verzeihen, kann ich »geläutert« aus der Sache hervorgehen. Dann steht Kraft zur Verfügung, Lehrgeld zu zahlen und die Erntefrüchte der Lehrzeit zu ernten, vielleicht auch Möglichkeiten der tätigen Reue und einer Wiedergutmachung zu finden. Andernfalls kann es bei der Verarbeitung wieder in zwei Richtungen schiefgehen: einmal in Richtung Verleugnung, unstimmiger Rechtfertigung, Nicht-Verantwortung – oftmals verbunden mit großer Aggression gegenüber den vermeintlich wahren Verursachern. Oder in die andere, mehr depressive Richtung von Selbsthass, Selbstverachtung bis hin zum Suizid.

Aus meiner Tornescher Zeit kommt mir hier kein passendes Beispiel in den Sinn. Dass ich den Freund verprügelt habe, weil er mich an der Wandtafel denunziert hatte, kann ich erst mit dem Reflexionshorizont von heute bedauern. Dennoch hätte ich mich gern noch zu seinen Lebzeiten bei ihm dafür entschuldigt. – Über einen Riesenfehler aus späterer Zeit habe ich bereits berichtet: dass ich mich auf ein Steuersparmodell eingelassen habe. Die Lehre daraus: Achtung, deine lieben Berater haben unter Umständen ein großes Eigeninteresse! Achtung, keine fiskalische Lebensführung! Achtung, unterschreibe nie etwas, was du nicht hundertprozentig verstanden hast!

FELD 3: Gibt es etwas richtig Schlimmes, was dir zugestoßen ist? Ein Unglück, eine Kränkung, ein Betrug, ein Missbrauch, eine Lieblosigkeit? Oder eine schwere Krankheit, ein schwerer Unfall? Eine fiese Gemeinheit, sei es vom Schicksal oder von einem Menschen, der dir übel mitgespielt hat? Solche Erlebnisse können tiefe Wunden und ewige Narben hinterlassen, bis hin zur Traumatisierung. Es ist unglaublich, was fast alle Menschen, und einige besonders, in ihrem Leben erleiden müssen. Und auch wenn dies bedeutsame und tief gehende Ereignisse im Lebenslauf sind, die, wenn sie nicht verdrängt werden, unvergesslich bleiben und im Lebensroman nicht ausgelassen werden dürfen, verspüre ich einen Widerwillen dagegen, hierin Beiträge zu einem »erfüllten Leben« zu sehen. Es sei denn, der Betreffende selbst empfindet das im Nachhinein so, wie mein Großvater die vier Jahre im Schützengraben an der Somme. Es sei denn auch, wenn letztlich etwas Gutes daraus entsteht.

Viel hängt davon ab, wie solche Erlebnisse verarbeitet werden. Trauer, Wut und Schmerz, Verzweiflung und Bitterkeit, ja auch der Wunsch nach Rache brauchen ihre Zeit und ihre Erlaubnis. Man darf den Phoenix nicht zu früh aus der Asche ziehen wollen. Ein wichtiger Schritt: Gestehe dir zu, hier zu einem Opfer geworden zu sein! Du konntest nichts dafür! Manche, die zum Opfer geworden sind, empfinden Scham – paradoxerweise. Scham darüber, dass ihnen das passieren konnte – haben sie nicht eine Mitschuld? Hätten sie es nicht verhindern können, wenn sie nur frühzeitig, wenn sie nur richtig …?

Traumapsychologinnen sehen in dieser paradoxen Scham den Versuch, sich selbst ein Minimum an Kontrolle über das

Geschehen zu suggerieren. Denn andernfalls müsste man sich eingestehen, damals vollkommen den bösen Kräften dieser Welt ausgeliefert gewesen zu sein – und die Angst, dass dies auch künftig wieder geschehen kann, übertrifft den Schmerz des Erlittenen noch einmal um ein Vielfaches und behindert eine abschließende Verarbeitung. Dies ist die eine Richtung einer unguten Verarbeitung: Verewigung der falschen Scham- und Schuldgefühle bis in die Depression hinein. Die andere Richtung: die Selbstverzehrung durch ein ewiges Streben nach Rache oder eine aggressive Verbitterung dem ganzen Leben gegenüber – oder beides zugleich.

Offenbar gibt es aber auch die Chance auf Heilung und Überwindung, die Hoffnung, seines Lebens wieder froh werden zu können. Eine gute Verarbeitung hängt dann von dem ab, *was* geschehen ist, und von dem, dem es widerfahren ist. Zuweilen ist *Vergebung* der Schlüssel zur Heilung, jedenfalls irgendwann. Trost und Geborgenheit spendende Zuwendung eines anderen Menschen ist die richtige erste Hilfe, Selbstmitgefühl eine gute Begleitung. Und irgendwann vielleicht eine Verarbeitung, die das Erlittene in Weisheit und Güte verwandelt oder in eine kreative Leistung. Man sagt über Schriftsteller und Schriftstellerinnen: Nur wer etwas erlitten hat, hat etwas zu sagen. Aus der Wunde ein Wunder zu machen: Das ist die Chance auf ein »posttraumatisches Wachstum«, auf eine persönliche Entwicklung, dem Leben mit mehr Reife und Tiefe zu begegnen, mit einem gereiften Blick dafür, was wirklich wesentlich ist und zählt.

Wenn ich nach einem Beispiel aus meiner Tornescher Zeit suche, dann kommt mir zunächst nur die Verzweiflung in den

Sinn, wenn ich mich auf dem Schulweg zwischen den Dörfern mit dem Fahrrad verfahren hatte: eine verlorene Seele auf fremdem Land. War ich einfach zu dusselig, den richtigen Weg zu finden, den ich doch schon mehrfach gefahren war? Nein, das war für den Siebenjährigen eine Überforderung. Und darüber hinaus war es wohl kein leichtes Schicksal, mit den heiklen Beziehungsverhältnissen und den wechselnden Vätern beziehungsweise Daddys im Herzen klarzukommen. Heute wissen wir besser, welche wichtige Rolle eine sichere Gebundenheit für das Kleinkind spielt. Die prekäre Bindung zu meinem Vater war wahrscheinlich schmerzlicher, als ich es damals in meiner pragmatischen Haltung empfunden habe. Im Elternhaus war die Atmosphäre später häufig belastet (»dicke Luft«!), ohne dass es darüber eine Aussprache gegeben hätte – schon gar keine, bei der wir unsere Gefühle, Bedürfnisse, Wünsche ausgedrückt oder einander »Feedback« gegeben hätten. »Was ist mit Papi?« »Er mault.« Er hatte, genauso wie ich, keine Sprache für das, was im Herzen vorgeht – und kaum eine Ahnung, was da überhaupt vorging. Ich komme noch einmal darauf zurück, besonders auf meine Beziehung zum Vater. – Tja, so gesehen musste ich wohl Kommunikationspsychologe werden. Und das wiederum war überaus erfüllend – und wäre ohne den Leidenshintergrund wahrscheinlich nicht geschehen. Schön, wenn ein Misthaufen zum Kompost wird!

FELD 4: In diesem Feld schließlich wird es wieder erfreulich, jedenfalls potenziell! Fällt dir eine Situation oder eine Zeit in deinem Leben ein, in der du beschenkt, gefördert, beschützt, gerettet worden bist? Wo dir jemand entscheidend beigestanden hat? Oder dir eine Tür geöffnet hat? Oder wo dir ein gnädiges Schicksal zuteilgeworden ist? Dies ist das Feld, in dem du deine Dankbarkeit finden kannst, und Dankbarkeit ist eine große Kraftquelle der Seele.

Vielleicht kommt dir bei dieser Frage ein Mensch vor die Augen – und gewiss mehrere, wenn du länger darüber nachdenkst. Vielleicht sind sie schon tot, dann nützt es ihnen ja nichts!? Vielleicht nicht, aber *dir* nützt es etwas! Ein erfülltes Leben zehrt von den Wohltaten, von der Liebe, von dem Großmut, von der Hingabe, die dir zuteilgeworden sind, und manchmal von der Rettung aus höchster Not. Und wenn dir die Bewusstwerdung und die Verarbeitung solcher Erfahrungen so gelingt, dass du Dankbarkeit in dein Herz strömen lässt, dann bekommt deine Seele Kraft, Vertrauen und Zuversicht, und es erneuert sich in dir ein Bewusstsein von der wechselseitigen Angewiesenheit von uns Menschen auf Erden.

Die Verarbeitung solch beglückender Erlebnisse erscheint einfach. Und doch tun sich manche mit der Dankbarkeit schwer. Je mehr ich meinen Erfolg, mein gedeihliches Leben dem segensreichen Einfluss eines anderen Menschen zuschreibe, zuschreiben muss, umso weniger Lorbeeren bleiben für mich selbst – der Narzisst in mir reagiert mit Unbehagen. Je angewiesener und bedürftiger ich selber bin, umso mehr kränkt es meinen Stolz, der doch autonom und unabhängig sein will. Wer sich mit diesem Stolz übermäßig identifiziert, kann Hilfe von außen nur mit gemischten Gefühlen akzeptieren. Mein Beispiel aus Tornesch illustriert das gut. Als achtjähriger Junge wurde ich nach einem Fahrradunfall von einem 13-jährigen Mädchen versorgt und gerettet. Es brauchte 57 Jahre, bis das

Gefühl von Dankbarkeit in mir wirklich werden konnte – mein persönlicher Weltrekord für einen »Spätmelder«, wie wir diese Anteile im Inneren Team nennen. Seinerzeit löste die Angewiesenheit auf eine Retterin ein Unbehagen aus, und dieses Unbehagen erschlug die Dankbarkeit – und schließlich auch die Erinnerung.

Im Coaching, in der Therapie gelingt es nicht selten, die verdrängte und verjährte Dankbarkeit aus der Tiefe der Seele an die Oberfläche zu bringen, meist mit großer Berührung. Ein heilsames Geschehen.

So weit das kleine Modell. Wenn Sie es für die Reflexion eigener Lebensbeispiele nutzen, werden Sie feststellen, dass die Grenzen zwischen den vier Feldern durchlässig sind, dass ein und dasselbe Erlebnis in mehrere oder sogar in alle Felder hineinspielt. In Abb. 12 sind als Merkhilfe noch einmal die hauptsächlichen Gefühle in die vier Felder eingetragen.

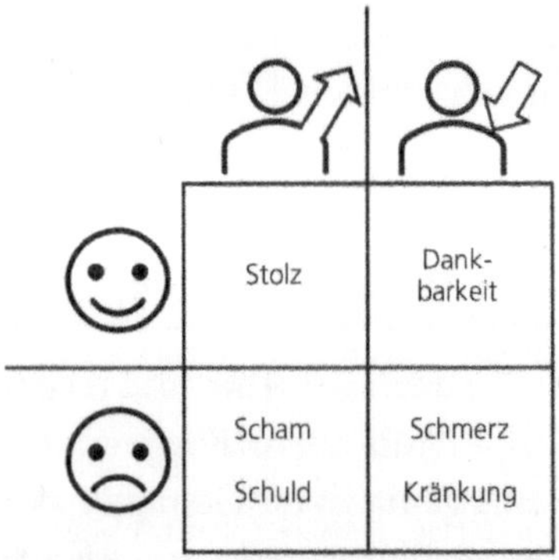

Abb. 12: 4-Felder-Schema existenzieller Schlüsselereignisse – hier: erwartbar vorherrschende Gefühle

Die Erkenntnis aus alledem: Ein erfülltes Leben vom Typus Gamma hängt nicht nur davon ab, was ich alles erlebt habe und was in meinem Leben los war, sondern auch und nicht zuletzt davon, wie ich diese Erlebnisse verarbeitet habe. Jedes existenzielle Schlüsselereignis hat eine Tiefendimension in der Seele, und je mehr diese Tiefe erschlossen und bewusst werden kann, umso erfüllter wird das Leben. Wichtig dafür ist, dass wir uns allen vier Feldern unerschrocken zuwenden, in allen vier Feldern unser Heimspiel finden – und nicht nur in dem beliebten Feld links oben.

Biografisch bedeutsame Ereignisse – erst in der Rückschau

Manche Lebensereignisse sind schon im Augenblick des Erlebens ergreifend, niederschmetternd, spektakulär, sensationell oder sternstundenverdächtig. Wohl jeder kennt aus seinem Leben solche unvergesslichen Momente. Als ich nach jahrelanger Schulkrise doch noch das Abitur schaffte – mit einem Notendurchschnitt, der mir heutzutage sämtliche Numerus Clausus-Fächer der Universität versperrt hätte, da geschah es auf der Abiturfeier in der Schulaula, dass ich plötzlich aufgerufen wurde, den Preis für den besten Abituraufsatz des Jahrganges entgegenzunehmen. Nanu!? Dass in meiner geschundenen Schulseele noch einmal alle Glocken läuten würden, das hätte ich für völlig unmöglich gehalten. »Unvergesslich« war mir bis dahin gewesen, bei einer zweistündigen Mathearbeit nach zehn Minuten nach vorne zu gehen und das leere Heft abzugeben – und den Blick des Lehrers auszuhalten, in dem sich menschliches Bedauern und pädagogische Resignation die Waage hielten.

Manch andere Lebensereignisse sind im Augenblick des Erlebens zunächst unspektakulär – und erweisen sich erst im biografischen Rückblick als bedeutsam, sogar als Sternstunde: Während meines Psychologiestudiums begegnete ich 1969 zufällig einem der Professoren auf der Treppe des »Philosophenturms« in Hamburg. Ich kannte ihn bis dahin kaum, und auch er kannte meinen Namen nicht. Aber als er mich sah, sprach er mich an mit den Worten »Könnte der Kommilitone mich einmal kontakten?« Nanu, ja gern, wo denn, wann denn, aha, in seiner Sprechstunde. Zwar war seine Formulierung etwas eigenartig, und dass man in der »Massenuniversität« als Student von einem Professor persönlich angesprochen wurde, war auch ungewöhnlich. Dennoch habe ich nicht im Entferntesten gespürt, dass dies ein schicksalsschwerer Moment in meinem Leben sein könnte – es war bloß ein zufälliger Kontakt auf der Treppe. Auch der Professor konnte nicht ahnen, dass er soeben einem Studenten, der noch nicht einmal zu »seinen« Studierenden gehörte, einen Anstoß gegeben hatte, der über seinen künftigen Lebensweg entscheiden sollte. Auch nicht, dass dieser unbekannte Student 44 Jahre später (im Jahre 2013) die Rede auf seiner Trauerfeier halten würde. Erst im Nachhinein erweist sich die zufällige, beiläufige Begegnung als schicksalsschwer – und der Vorfall auf der Treppe wäre in meinem Lebensfilm eine der Schlüsselszenen.

Was ich mit diesem Beispiel illustrieren wollte, ist bereits ausgesprochen. Vielleicht sollte ich dennoch den Hintergrund des Geschehens kurz erläutern. Nach dem Vordiplom durfte und musste man sich einen Studienschwerpunkt für das Hauptstudium auswählen. Die verschiedenen Arbeitsgruppen stellten sich vor, mit ihrem Personal, mit ihren Lehrangeboten und Forschungsthemen. So war ich, zusammen mit vielen Studierenden meines Jahrganges, zur Veranstaltung des Tausch-Zweiges gegangen: Pädagogische und Klinische Psychologie unter der Oberleitung von Professor Reinhard Tausch. Zum Schluss durfte man Fragen stellen. Ich interessierte mich für die damals aufkommende programmierte Unterweisung, und da ich nur von einer einzigen Sache wirklich etwas verstand, nämlich von Schach, kam in mir die Ahnung auf, dass der Schachunterricht für Anfänger und Fortgeschrittene durch programmierte Unterweisung entscheidend verbessert werden könnte. Wäre das vielleicht etwas für eine Diplomarbeit? Deshalb meine Frage, ob im Tausch-Zweig auch zur programmierten Unterweisung geforscht würde. Die Antwort: Nein, das sei zwar interessant, durchaus auch die Verbindung mit Schach, aber zur programmierten Unterweisung würden sie leider nicht forschen – nächste Frage bitte!

Die geschilderte Begegnung mit Reinhard Tausch auf der Treppe war ein paar Tage später. Und eine Woche danach suchte ich ihn in seiner Sprechstunde auf. Er erhob sich, kam mir zur Tür entgegen, um mich zu begrüßen, und geleitete mich zu einer Sitzecke. Der Massenstudent fühlte sich eigenartig behandelt, wie eine wichtige Persönlichkeit, fast wie ein Würdenträger. Ich erfuhr erst später, dass die wertschätzende Begegnung von Mensch zu Mensch (heute würde man sagen »auf Augenhöhe«) das tragende pädagogische Konzept von

Reinhard und Annemarie Tausch war – und zwar besonders für die Beziehung von Lehrerinnen und Schülern, Eltern und Kindern. – Programmierte Unterweisung – nein, aber sein Assistent Inghard Langer würde über Verständlichkeit bei der Wissensvermittlung forschen. Es scheine derzeit, als ob zwei Faktoren – und er malte ein Kreuz auf einen Bogen Papier (siehe Abb. 13). … als ob die Faktoren *Strukturierung* und *Anschaulichkeit* bedeutsam seien für das Verstehen und Behalten von Textinhalten. Vielleicht wäre das auch etwas, wofür ich mich interessieren könnte? …

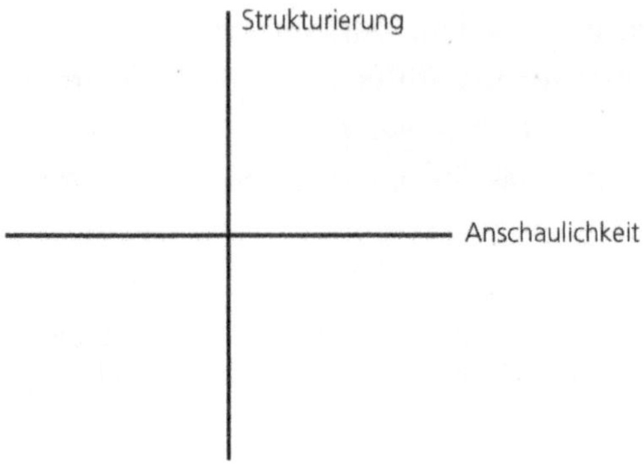

Abb. 13: Skizze von Reinhard Tausch in seiner Sprechstunde 1969

So kam es. Ich schrieb meine Diplom- und später meine Doktorarbeit über das Thema Verständlichkeit. Jahre später, nach hinreichender Forschung, schrieben wir zu dritt ein Buch darüber – Inghard Langer, Reinhard Tausch und ich.[11] Aus den beiden vorausgeahnten Faktoren waren vier geworden. Jahrzehnte später fand ich, dass die Lehrzeit bei Reinhard Tausch durchaus bemerkenswert und mitteilungswürdig war, die Erfüllung vom Typus Gamma erst später erkennend. Ein Artikel, »Meine Lehrzeit bei Reinhard Tausch«[12], ist die Erntefrucht dieser Erkenntnis.

Die Lebenserfüllung vom Typus Gamma finden wir im Grunde auf zwei Ebenen. Auf der einen Ebene spielt sich das ab, was wirklich geschieht und geschehen ist, äußerlich und innerlich. Die andere Ebene enthält das Ergebnis einer Mentalisierung des Geschehenen: was ich daran, vielleicht erst im Nachhinein, bemerkenswert finde, welche Zusammenhänge und Folgewirkungen ich erkenne, welchen Reim ich mir darauf mache. Heute würde man sagen: welches »Narrativ« ich daraus entwickele. Ein Narrativ ist eine Erzählung, die bestimmte Ereignisse auswählt, für bedeutsam erklärt und zwischen ihnen einen Sinnzusammenhang stiftet. Diese geistige Bearbeitung ist etwas anderes als das urtümliche Erleben selbst und die bloße Erinnerung daran. Wenn ich mir die Sternstunden und Schlüsselmomente in Erinnerung rufe, dann sind sie nicht bloß ein Sammelsurium im Schatzkasten des gelebten Lebens, sondern sie sind eingefügt in das Ganze einer Gestalt. Es werden Verbindungslinien sichtbar, es wird die »Essenz des Lebens« (Verena Kast) deutlich oder erahnbar, es zeigt sich ein roter Faden der Existenz. – Kommen dir selbst solche Ereignisse in den Sinn, die, nachträglich gesehen, als Schlüsselszenen für deinen Lebensverlauf erachtet werden können? Eine beliebte Erinnerung dieser Art: wie ich meinen Partner/meine Partnerin kennengelernt habe! …

Interessante Begebenheiten – beiläufige Novellen

Gewiss gibt es auch Erlebnisse, die für sich stehen und wie ein überraschender Salamander am Straßenrand kein essenzieller Teil des ganzen Weges sind. Im Roman entbehrlich, handelt es sich eher um beiläufige Novellen. Eine Novelle ist definiert als die Erzählung einer »unerhörten Begebenheit«, wenn ich das aus der Schule richtig erinnere. – Solche Begebenheiten eignen sich später als gern erzählte Anekdoten. Ein Beispiel aus meinem Leben:

Wie ich mal verhaftet wurde! …

Als junger Mann konnte ich mir nach dem Wehrdienst einen VW Käfer leisten. Als ich mit dem eines Abends, es war schon dunkel, nach Hause fuhr, sah ich in der Ferne viel Blaulicht mit Polizei und Feuerwehr. Ach, da fahre ich doch mal hin – ist ja sonst nicht viel los hier in dieser Gegend. Ich fand in der Nähe des Geschehens einen Parkplatz, und beim Aussteigen sah ich, was los war: Ein großes Lagerhaus stand in hellen Flammen. Die Feuerwehr war im Einsatz, aber die Aussichten, noch etwas löschen zu können, waren gering. Einige Schaulustige waren da, und vereinzelt standen sie auf dem unbebauten Nachbargrundstück, um sich das Schauspiel anzusehen. Auch ich wanderte auf dieses Grundstück und bestaunte das Großfeuer. Nach vielleicht einer halben Stunde sah ich mich um, und im Widerschein des Feuers sah ich, wenige Meter von mir entfernt, eine wunderschöne junge Frau stehen, ebenfalls allein. Wir waren inzwischen die Einzigen auf dem Feld, und es wäre fast eine grobe Unhöflichkeit gewesen, sie *nicht* anzusprechen. So kamen wir ein wenig ins Gespräch und ins Plaudern. Ich muss wohl ein bisschen dumm geplaudert haben – so nach der Art: »Das ist doch mal was, oder? Sonst ist hier ja nicht viel los …« Sie brachte das Gespräch auf die »Fabrik« in Hamburg, ein bekanntes Szenelokal, das ebenfalls vor einigen Wochen abgebrannt war. Plötzlich, die Begegnung war drauf und dran, nett zu werden, näherte sich ein Mann, wies sich als Polizist in Zivil aus und bat mich um meine Ausweispapiere. Ich zeigte sie ihm, er machte sich eine Notiz und ging wieder. Aber nanu, wo war die nette Frau geblieben? Wie vom Erdboden verschluckt! Na gut, ich blieb noch eine Weile, das Feuer war inzwischen weitgehend niedergebrannt, und machte mich dann langsam auf zu meinem Käfer. Gerade als ich einsteigen wollte, sah ich mich von zwei Polizisten umringt und glaubte meinen Ohren nicht zu trauen: »Sie sind verhaftet wegen des Verdachtes auf Brandstiftung!« »Wie bitte? Das kann ja wohl nicht wahr sein …« – »Ja, jetzt kommen Sie mit, sonst wird es unangenehm!« Vor der Brandstelle parkte ein VW-Bus der Polizei, darin wurde ich verhört. Auf dem Weg dorthin sah ich plötzlich die nette junge Frau wieder, in einem Kreis von Polizisten. – Im VW-Bus wurde ich befragt: »Was machen Sie hier um diese Zeit?« – »Nichts, einfach mal gucken, was los war!« – »Das ist ja auch *sehr* plausibel« … – Der mich verhörte, forderte mich schlussendlich auf, mit ihm zu meinem Wagen zu gehen und meinen Reservekanister im Kofferraum vorzuzeigen. Fünf Liter Benzinreserve hatte man damals meistens dabei. Gottlob war dieser Reservekanister tatsächlich voll. Wenn er leer gewesen wäre, hätte ich wohl eine Nacht auf der Wache verbracht. – Später erfuhr ich: Es sei eine polizeiliche Erkenntnis, dass Brandstifter häufig gerne über ihre Tat prahlen. Deswegen setzt die Polizei junge Polizistinnen am Tatort als Lockvögel ein. – Ach, so war das also! Gott, was muss ich für dummes Zeug geredet und mich verdächtig gemacht haben?! Aber man will einer solch unverhofften Begegnung doch auch etwas Würze geben, oder? Ein korrekter Langweiler hätte doch nie eine Chance, oder? Aber ich schwöre: Ganz gewiss habe ich nicht damit geprahlt, den Brand gelegt zu haben!

Das Drama im Alltäglichen

Solche »unerhörten Begebenheiten« sind die Gamma-Würze unseres Lebens. Manche Menschen verfügen über einen großen Reichtum in dieser Hinsicht. In meiner auf Sicherheit bedachten Lebensführung sind sie selten. Aber ich sehe zwei Möglichkeiten, die Erfüllung vom Typus Gamma im ganz alltäglichen Leben zu vitalisieren. Die eine besteht darin, auch in ganz »banalen« Begebenheiten eine Dramatik zu entdecken – oder in sie hineinzulegen. Menschen mit diesem Talent (ich nenne es »histrionisches Talent«) erleben viel mehr als ich, sogar in objektiv identischen Situationen. Mir wurde das deutlich bei Frank Wesley, einem Kollegen aus meinem Fachbereich Psychologie der Uni Hamburg. Er war, Jahrgang 1918, als deutscher Jude im KZ Buchenwald gewesen und konnte diesem wieder entkommen, war dann in die USA emigriert und hatte später als amerikanischer Soldat gegen Hitler-Deutschland gekämpft. 1975 nahm er einen Ruf an die Hamburger Universität an, blieb dort mehrere Jahre und war mein Abteilungsleiter. Er war ein sehr besonderer Professor, verzichtete zum Beispiel auf eine Sekretärin, die ihm als Ordinarius zustand, da er ja eine Reiseschreibmaschine habe, in die er alles schnell hineintippen könne. Die platzierte er meist auf dem Schoß, so brauchte er eigentlich auch keinen Schreibtisch. Er war ständig in guter Stimmung, so als habe er insgeheim geschworen, sich seine Lebenslaune nie mehr wieder verderben zu lassen. Nach so vielen Jahren voller Todesangst konnte er sein Leben jetzt nur als himmlisch empfinden. Konflikte mit einem Kollegen konnten seine Heiterkeit nicht trüben, weil er wusste: ist alles harmlos, alles nur scharfe Worte – er wird mich nicht erschießen. Und vieles fand er augenzwinkernd »völlig meschugge«, was im Fachbereich geschah und was wir ernsthaft betrieben – einschließlich seiner selbst. Dass er bei objektiv identischen Geschehnissen viel mehr erlebte als ich, wurde mir beispielsweise bei folgender Begebenheit bewusst: Er stand auf dem Flur und war von mehreren Diplomanden und Doktorandinnen umringt, die alle laut lachten und wie gebannt an seinen Lippen hingen. Ich schnappte im Vorübergehen etwas auf und traute meinen Ohren nicht: Da erzählte er doch von einer Begebenheit, bei der ich selbst dabei gewesen war – einige Tage zuvor nämlich, als eine Kollegin nachmittags in das Office von Frank Wesley gekommen war, während auch ich zufällig gerade bei ihm weilte. Scherzhaft hatte ich sie gefragt, ob sie Kaffee und Kuchen wolle, oder lieber Kaffee und Fisch – da Frank Wesley nachmittags komischerweise immer Fisch zum Kaffee aß. Dieses kleine Ereignis hatte ich schon nahezu wieder vergessen. Aber nun berichtete Frank darüber wie über ein aufregendes und sensationelles Geschehen: »Da klopfte es … – und wer ist an der Tür? Frau Wienand-Kranz!« Hier stieg bereits die Spannung – alle Zuhörerinnen erwarteten etwas ganz Außerordentliches. »Und dann steht plötzlich Friedo neben mir und fragt sie: ›Willst du Kuchen oder Fisch?‹ – Man muss wissen, dass er immer Kaffee und Kuchen will, eigenartig! Aber jetzt kriegte ich einen Schreck und betete zu Gott: Oh, *hoffentlich* sagt sie jetzt nicht ›Ich will Kaffee mit Fisch‹, denn ich *hatte* gar keinen Fisch mehr, der war schon *alle*! (Die Spannung der Zuhörer wuchs) Aber dann sagte Frau Wienand-Kranz: ›Sie will Kuchen!‹ Ah, mir fiel ein *Stein vom Herzen,* das ist ja noch mal gut gegangen – *dachte* ich! Aber jetzt haltet euch fest! Jetzt sagt Friedo: ›Ach wie dumm, *Kuchen* ist schon alle!‹« Die Zuhörer biegen sich vor Lachen.

An diesem Beispiel wurde mir klar: Das faktische Geschehen ist das eine. Aber wie ich es erlebe und was ich daraus mache, steht noch mal auf einem anderen Blatt. Gelegentlich gelingt es mir, den Frank Wesley in mir zu mobilisieren – und dann habe ich vorübergehend auch so ein fideles Leben. Und das ist ja überhaupt das Schöne und trägt zu einem erfüllten Leben bei: dass die wichtigen Menschen unseres Lebens in uns versammelt sind und dort als Impulsgeber und als unverlierbarer Schatz weiterleben. Präziser müsste man sagen: Nicht die ganzen Menschen sind in uns versammelt, sondern bestimmte Mitglieder ihres Inneren Teams! Nicht der ganze Frank Wesley lebt in mir fort, sondern sein fideler Dramatiker. Dieser kann mehr ausrichten, als es kluge Einsichten vermögen. Wer kennt und schätzt nicht das Volkslied »Froh zu sein bedarf es wenig, und wer froh ist, ist ein König!«? Aber damit diese Einsicht auch nur minimal seelisch wirksam werden kann, ist ein ganzer Rubikon zu überschreiten, jedenfalls solange in meinem inneren Ensemble die Besorgten und Angestrengten die Regierungsmannschaft bilden und den Ton angeben. Aber ein innerer Frank Wesley kann diese trübe Truppe hin und wieder tüchtig aufmischen.[13] – Kennst du auch so jemanden, den du bei Bedarf in dir aktivieren kannst? Vielleicht gar mehrere?

Bereicherung der alltäglichen Kommunikation mithilfe des Kommunikationsquadrates

Die andere Möglichkeit, die Lebenserfüllung vom Typus Gamma im Alltag des normalen Lebens zu befördern, besteht in der Bereicherung der Kommunikation mit anderen Menschen mithilfe des Kommunikationsquadrates. Sie werden es vielleicht kennen, möglicherweise sogar aus dem Schulunterricht. Seit dem Erscheinen von »Miteinander reden« 1981[14] ist es zu meiner Freude sehr bekannt geworden. Was es mir selbst in Bezug auf unser Thema hier bedeutet, mag an folgendem Beispiel deutlich werden:

1965, ich bin 20 Jahre alt und habe gerade, nach erheblicher Schulkrise und einer »Ehrenrunde«, doch noch das Abitur geschafft. In sechs Wochen soll ich zum Wehrdienst einrücken. Jetzt sind sechs Wochen Pause, ohne vorgegebene Struktur.

Eines Morgens, ich bin noch im Halbschlaf, tritt mein Vater in die Tür, bereits in Hut und Mantel, um zu seiner Anwaltskanzlei aufzubrechen, und spricht einen Satz, der mir noch heute wortwörtlich in den Ohren klingelt:

»Ich halte es für bedenklich, dass du jeden Abend versackst!«

Ach du Schreck! Die Situation ist überraschend und ungewöhnlich. Normalerweise ist meine Mutter für mich pädagogisch zuständig, mein Vater nur für außergewöhnliche Sondersituationen im Einsatz. Ich bin verdattert, fühle mich extrem unbehaglich und weiß nicht, was ich antworten soll. Also antworte ich gar nicht und gebe nur einen kurzen unwilligen »Nnh!«-Laut von mir – und hoffe, dass die peinliche Situation von selbst vorübergeht. Die Hoffnung erfüllt sich sogleich, er schließt wieder die Tür, und weg ist er. Wir haben dann darüber später nicht mehr gesprochen.

Diese kleine Szene wäre nicht weiter erwähnenswert, wäre sie nicht ein kleiner Mosaikstein einer unerfüllten Beziehung zu meinem Vater. Wäre sie nicht ein Symbol für die Kontaktarmut auf der tieferen menschlichen Ebene. Und böte sie nicht einen Einblick in meine beschränkte Kommunikationsfähigkeit auf der Beziehungsebene. Angenommen, dieser 20-Jährige könnte sein späteres Ich per Zeitreise-Telefon anrufen und es fragen: »Du bist doch Professor-Dr. in Sachen Kommunikation geworden – wie reagiere ich denn da am besten in dieser Situation? Was sagt man denn da am besten zum Vater?«

Was würde Professor-Dr. antworten? Er würde sagen: »Das weiß ich auch nicht, aber ich weiß, wie wir es herausfinden können!« – »Ja, wie denn?« – »Als Erstes legen wir die Äußerung des Vaters unter das Kommunikationsquadrat (ich erkläre es dir), und dann erkennen wir genauer, welche Botschaften auf vier verschiedenen Ebenen dich (alle gleichzeitig) erreichen. Wenn du diese dann klar vor Augen hast, bist du von dem inneren Kuddelmuddel erlöst, das dich erst mal sprachlos macht. Und dann kannst du schauen, auf welche Botschaft(en) du antworten willst.« In Abb. 14 liegt die Äußerung des Vaters im Kommunikationsquadrat.

Abb. 14: Vaters Äußerung im Kommunikationsquadrat

»Jede Äußerung hat vier Aspekte. Erstens steckt darin eine Sachinformation oder eine Behauptung, sie kann wahr oder falsch sein. Zweitens eine Selbstkundgabe dessen, der etwas von sich gegeben hat – und unweigerlich auch etwas *von sich* gegeben hat, kundgegeben hat, preisgegeben hat. Drittens steckt in der Äußerung (durch Tonfall und Formulierung) ein Beziehungshinweis, ein Hinweis darauf, wie er zu dir steht und was er von dir hält, jedenfalls bezogen auf die Sache, um die es hier geht. Und viertens steckt auch ein Appell drin – eine Aufforderung, eine Bitte oder eine Empfehlung. *Eine* Äußerung enthält *vier* Botschaften! Kein leichtes Kunststück, sie alle auf einmal wahrzunehmen und dann zu überprüfen, wie denn die ehrliche Antwort darauf wäre!« – »Und was sind das hier für Botschaften, die vom Vater kommen?« – »Ja, gute Frage – gehen wir mal die vier Seiten des Quadrates durch! Welche Sachbehauptung hörst du heraus?« – »Die Behauptung, dass ich jeden Abend versacken würde.« – »Und? trifft das zu?« – »Jeden Abend schon gar nicht! Außerdem, kommt drauf an, was er unter ›versacken‹ versteht. Dass ich mich besaufe? Trifft nicht zu, ich bin mit meinen Schachfreunden unterwegs. Dass ich zu spät nach Hause komme? Es stimmt, dass ich spät ins Bett gehe und morgens länger ausschlafe.« – »Wunderbar, das ist deine *erste von insgesamt vier Optionen*: Du könntest auf der Sachebene reagieren, dem Vater berichten, wie du die Abende verbringst, die Unterstellung zurückweisen, du würdest dich besaufen, korrigieren, dass dies keineswegs jeden Abend der Fall sei, ihn fragen, was er unter ›versacken‹ versteht, und sodann klären, ob wirklich alle Umstände zusammenkommen, die dieses Wort angemessen erscheinen lassen. – Keine schlechte Option, dein Vater ist Rechtsanwalt und wird auf dieser Ebene kontaktfähig und kontaktwillig sein. – Aber das ist keineswegs die einzige Option, die du hast!«

»Welche habe ich noch?« – »Du könntest auf die Botschaft reagieren, die du mit deinem zweiten Ohr hörst, dem Selbstkundgabe-Ohr. Welche Selbstoffenbarung, welche Ich-Botschaft hörst du vom Vater heraus?« – »Dass er sauer ist …« –

»Wohl wahr. Was denkst du, was geht in ihm vor, wenn er sieht, wie du noch im Bett bist und lange ausschläfst?« – »Wahrscheinlich ist er echt besorgt, was aus mir werden soll, gerade auch nach der Zitterpartie im Gymnasium. – Vielleicht ist er auch sauer darüber, dass er voll in der Pflicht ist, mit Wecker aufgestanden – und sieht seinen Herrn Sohn sich ein faules Leben machen?« – »Wäre möglich! Und die Sorge auch! Jetzt hörst du mit dem empathischen Ohr! Das ist deine zweite Option: Du könntest dich dafür interessieren, was in seinem Herzen vorgeht. Zum Beispiel indem du fragst: Bist du sauer, Papa? Oder machst du dir Sorgen, was aus mir werden soll? – Hier würde ein völlig anderer Kontakt zwischen euch beiden entstehen, als wenn du mit dem Sachohr hörst und auf der Sachebene reagierst! Merkst du, wie du Einfluss hast auf die Qualität des Kontaktes, was da läuft und was da nicht läuft?« – »Könnte ich nicht auch zuerst auf der einen und sodann auf der zweiten Ebene reagieren?« – »Oh ja, das wäre geradezu exzellent – wenn du mit allen vier Ohren hörst und dann in deiner Reaktion die Ebenen auseinanderhältst und miteinander verbindest. Aber das ist schon fast für Fortgeschrittene! Lass uns erst noch die dritte und vierte Botschaft identifizieren, die dich erreicht!

Was hörst du auf der *Beziehungsebene*? Das wäre jetzt nicht mehr seine Ich-Botschaft, sondern die Du-Botschaft: was er von dir hält. Er sagt es ja nicht explizit, aber implizit, zwischen den Zeilen kann man es heraushören, oder?« – »Ich höre heraus: Du bist ein Faulpelz, eine Saufnase und ein Taugenichts!« – »Ja, und das ist deine dritte Option: Du könntest auf dieser Ebene antworten und zum Thema machen, wie du dich behandelt fühlst aufgrund der Art, wie er mit dir spricht! Zum Beispiel könntest du sagen: ›Nee, so nicht, Papa!‹ Du kommst hier rein, ohne anzuklopfen, ohne guten Morgen und dann gleich als Erstes mit einer Anklage – geht's noch?« – »Oha, das könnte Ärger geben!« – »In der Tat, aber so eine Konfrontation bringt euch auch in Kontakt, und du verwandelst dich in ein Gegenüber auf Augenhöhe!«

»Und die vierte Option?« – »... betrifft den *Appell.* Welchen Appell hörst du implizit in seiner Äußerung?« – »Komm abends früher nach Haus und geh früher ins Bett!« – »Genau, das ist der offensichtliche Appell – und wenn du darauf Bezug nehmen willst, könntest du ihm sagen, ob und wie weit du seiner Aufforderung nachkommen willst – oder auch nicht. Aber wahrscheinlich ist noch ein tieferliegender Appell darin, denn das Früher-ins-Bett-Gehen ist ja kein Wert an sich, sondern muss ja irgendeinen Sinn haben. Hast du eine Idee, wozu er dich bewegen will? Seine Absicht ist ja nicht, dich zur Schnecke zu machen, sondern er will etwas Positives bewirken, oder?« – »Vielleicht der Appell: Fang etwas Vernünftiges mit deiner Zeit an, jetzt zwischen Abitur und Wehrdienst!?« – »Vermute ich auch! Und was ihm da vorschwebt, wissen wir nicht. Aber genau danach könntest du ihn fragen! Verlange ihm ab, dass er seinen Appell erläutert, begründet! Hier entsteht wieder Kontakt, diesmal von der vierten Art. Es ist ja eigentlich schön, wenn ein Vater sich Gedanken macht und eine gute Idee hat, was sein Sohn tun könnte! Sein positives Engagement ist noch nicht vernehmbar geworden, es liegt noch unter dem Tadel begraben. Aber du könntest helfen, es auszubuddeln.«

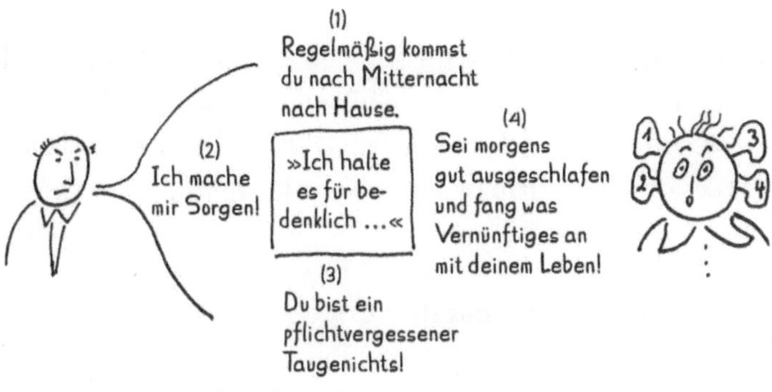

Abb. 15: Die Botschaften des Vaters rund ums Quadrat, vernehmbar mit je einem der »vier Ohren«

Brechen wir hier das Zeitreise-Telefonat ab. Es würde wohl noch weitergehen mit der Frage, welche dieser vier Optionen denn nun Vorrang habe in dieser Situation beziehungsweise wie man alle vier Optionen in einem Gespräch miteinander verbinden kann. Und es könnte auch noch weitergehen mit der Frage: Wie *antworte* ich, zum Beispiel auf die Beziehungsbotschaft oder den Appell? Und dann würde Professor-Dr. die inneren Stimmen des 20-Jährigen in dieser Situation erfragen und spruchreif machen, sodass sie in den Kontakt mit dem Vater eingebracht werden können. – Aber unser Thema hier ist das erfüllte Leben, und ich wollte verdeutlichen, wie der Kontakt und die Beziehung reicher und tiefer werden können, wenn wir ein waches Bewusstsein von der Quadratur der Kommunikation entwickeln. Ein erfülltes Leben ist nicht zuletzt ein gelingendes Beziehungsleben. So hat man zum Beispiel nur *einen* Vater, und wenn die Beziehung zu ihm oberflächlich und kontaktarm bleibt oder wird, dann ist das traurig. Aus dem geschilderten Vorfall hätte sich ein hochinteressantes Gespräch zwischen Vater und Sohn ergeben können. Dazu waren beide damals (und noch jahrzehntelang) nicht fähig.

Möglichkeiten und Gefahren der Steigerung einer Lebenserfüllung vom Typus Gamma

Halten wir fest und fassen wir zusammen, was die Erfüllung vom Typus Gamma ausmacht! Wie du durchs Leben kommst, wie du am Ende durchgekommen bist mit allen Aufs und Abs, wie du die Bewährungsproben und Krisen bestanden hast oder auch tief gefallen bist, was dir schicksalsschwer widerfahren ist – überhaupt was da los war und los ist in deinem Leben, von außen und von innen, all das macht die Einzigartigkeit deiner Lebensgeschichte aus. Was wird das für ein Roman sein, den du über dein Leben schreibst, schreiben wirst – oder (wahrscheinlich ja nur) als unverlierbaren Schatz in deinem Kopf und deinem Herzen trägst? Ein einziges Drama? Oder ein besinnlich fließendes Geschehen? Vielleicht wird die Liebe als Himmelsmacht darin eine große Rolle spielen? Überhaupt die wichtigsten Menschen in deinem Leben? Die aufregenden, eigentümlichen, eindrücklichen Beziehungsgeschichten mit ihnen? Oder das Abenteuer, ein Kind in die Welt zu setzen, einen Menschen, den es vorher nicht gab? Oder mehrere Kinder – und sie groß werden zu lassen? Dankbarkeit und Trauer beim Abschied von den wichtigen Lebensgefährtinnen? Vielleicht (auch) Feindschaften? Große Kämpfe, Siege und Niederlagen im Beruf? Manch eine kann einen Thriller über ihr Berufsleben schreiben. Welche Sternstunden (oder Sterntage, Sternwochen, Sternjahre) gaben deinem Leben Richtung und Sinn? Welche großen Fragen treiben dich um, haben dich umgetrieben? Oder war es bis jetzt ein einziger Kampf ums Überleben? – Wenn du deine Lebenskurven bis heute zeichnest, eine für Gesundheit, eine für Geld, eine für Glückseligkeit und eine für beruflichen Erfolg – wie verlaufen sie in ihrem Auf und Ab? Gibt es eine weitere Kurve, die dir wesentlich ist? Handelt dein Roman vielleicht von geistigen Abenteuern – auf der Suche nach Erkenntnis? Hesses Goldmund wusste nichts davon, dass auch die Geisteswelt für das Menschenleben eine aufregende Wonne entfalten kann. Alles, was mein eigenes Leben an Dramatik vermissen lässt, finde ich vielleicht umso mehr in Büchern und Filmen.

Ich habe einige Möglichkeiten angesprochen, wie die Lebenserfüllung vom Typus Gamma aussichtsreich gesteigert werden kann. Vor Abschluss dieses Kapitels soll doch nicht verschwiegen werden, dass hinter der Erfüllungsverheißung vom Typus Gamma auch Gefahren lauern. Denn seitdem wir mehrheitlich an die Möglichkeit glauben, dass unser Leben nach dem letzten Atemzug unwiderruflich zu Ende sein und uns keine Auferstehung im Jenseits beschieden sein könnte, seitdem ist unser einmaliges Leben im Diesseits zu »unserer letzten Gelegenheit« geworden (Marianne Gronemeyer)[15]: Dieses heute vorherrschende Lebensgefühl unterscheidet sich radikal von dem, wie es im 17. Jahrhundert in den Kantaten von J. S. Bach zum Ausdruck kommt: »*Ich habe genug! Ach, möchte mich von meines Leibes Ketten der Herr erretten! Ach, wäre doch mein Abschied hier, mit Freuden sagt ich, Welt, zu dir: Ich habe genug! Welt, ich bleibe nicht mehr hier, hab ich doch kein Teil an dir, das der Seele könnte taugen.*«[16] Hingegen sind viele, wenn nicht die meisten von uns heute von der Überzeugung durchdrungen: Was wir hier verpasst, was wir hier nicht geschafft, nicht erlebt haben, wessen wir nicht teilhaftig geworden sind, ist ein für alle Mal vorenthalten und verloren. Das kann existenziellen Stress erzeugen, zumal in Pandemiezeiten, die sehr ereignisarm sein können und den inneren Appell noch lauter werden lassen: »Carpe diem! Nutze den Tag! Es ist die letzte Gelegenheit, etwas aus deinem Leben zu machen! Vertrödle nicht die Zeit, denn es ist deine Lebenszeit, die du vertrödelst, wenn du abends vor der Glotze hängst und dich am Morgen dem täglichen ereignisarmen Trott überlässt! Also: Verdichtung, Beschleunigung, Intensivierung – und vor allem nicht: ›Ich habe genug!‹«

In den Erzählungen von Stefan Zweig[17] ist häufig von der »Eintönigkeit des Tages« die Rede, die dazu führt, dass die Menschen gierig nach »ergötzlichen Episoden« Ausschau halten oder sie unbewusst herbeiführen. Eine Frau, die eben einen Mann unter dramatischen Umständen vermeintlich von seiner Spielsucht gerettet hatte, hatte nach eigenem Bekunden »in eben jenen zehn Stunden unfassbar mehr … erlebt als vordem in vierzig bürgerlich verbrachten Jahren«, und »ein unvermutet neues Gefühl von der Notwendigkeit ihres Daseins durchflutete warm ihre erfüllten Adern«[18] – ein Gefühl von erfülltem Leben, wenn Beta und Gamma zusammenkommen. Auch vom jungen Törless heißt es bei Musil: »Man habe dem Stundenplan genügt und sei dabei leer geblieben« – »Er erlebte ja nichts und sein Leben dämmerte in steter Gleichgültigkeit vor sich hin«. Jedoch der Versuch, dieser Leere abzuhelfen, artet in eine grausame Dramatik aus.[19] Der Ehrgeiz, dem eigenen Leben absichtsvoll mehr Intensität vom Typus Gamma zu verschaffen, kann enormen Stress und enorme Gefahren mit sich bringen. »Wer sich nicht in Gefahr begibt, kommt darin um!« – diese halb ernst gemeinte Lebensregel hörte ich Anfang der Siebzigerjahre – sie beschwor die Gefahr des ungelebten Lebens und appellierte an den Mut, etwas zu riskieren, nicht immer auf Nummer sicher zu gehen und sich für das Drama des Lebens aufzuschließen, es womöglich selbst zu inszenieren, ganz nach dem Vorbild von Goldmund in Hesses Roman. Ich kenne Menschen, die (mit einem Motorrad, mit einem Auto, auf der Skipiste …) lebensgefährliche Situationen herbeiführen, in der Hoffnung, sich dann (endlich einmal) intensiv zu spüren (»Sensation-Seekers«). Wir hören von Jugendbanden, die in Gegenden, »wo nichts los ist«, dafür sorgen, dass etwas los ist – nicht immer zum Segen eines friedlichen Zusammenlebens. Ich hatte einen Klienten, der gerade 60 Jahre alt geworden war und »Torschlusspanik« bekam – mit der Folge, dass er sich mit Unternehmungen, Reisen, Verabredungen »zuballerte«, wie er es selbst ausdrückte, um jede Lücke im Terminkalender zu füllen. Auch von jungen Menschen höre ich, dass bisweilen die Angst um sich greift, etwas zu verpassen – das Phänomen hat es bereits zu einem Namen gebracht: »FoMO = Fear of Missing Out«. Diese Furcht versetzt das Herz in Unruhe: Hätte der Abend nicht noch woanders intensiver und aussichtsreicher verbracht werden können? Kann eine verbindliche Verabredung nicht schnell zur Fessel werden, die eine andere attraktive Option verhindert, die sich – Überraschung! – gerade im letzten Moment noch auftun könnte? Oder eine menschliche Bindung? Ist das nicht eine »Festlegung«, die tausend Möglichkeiten einbüßt? Wo bleibt das »pralle Leben«, wenn alles geregelt ist?

Sollten Sie, liebe Leserin, lieber Leser, von einem solchen Gamma-Ehrgeiz stark befallen sein, dann »halte ich es für bedenklich!«. Aber es gibt dafür ein Heilmittel! Es besteht aus der Erfüllung vom Typus Delta – und es trifft sich gut: Dieses Kapitel folgt sogleich!

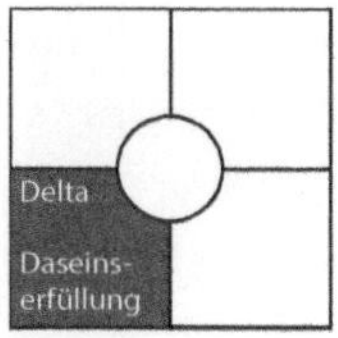

6 ERFÜLLUNG VOM TYPUS DELTA: DASEINSERFÜLLUNG

Meines Lebens Hauptgewinn:
dass ich atme, dass ich bin!

Die Erfüllung vom Typus Delta, von dem jetzt die Rede sein soll, braucht keine Ereignisse vom Typus Gamma, die dem Drama des Lebenslaufs Hoch- und Tiefpunkte, Sternstunden und Schicksalsschläge, unvergessliche Gänsehaut-Erlebnisse bescheren. Das megasensationelle Ereignis deines Lebens ist bereits unwiderruflich eingetreten und setzt sich in jedem Augenblick fort – auch in diesem Hier und Jetzt, da du diesen Text liest oder hörst, mit meinen Gedanken Verbindung aufnimmst. Auch wenn wir uns »daran gewöhnt« haben: Es ist fantastisch und unfassbar, dass es dich »gibt«, dass du Augen im Kopf hast, mit denen du etwas von der Welt sehen kannst – und was heißt denn »sehen«? Sehen heißt, dass die Lichtwellen, die von unterschiedlichen Dingen auf besondere Weise reflektiert werden und auf deiner Netzhaut ankommen, als Nervenimpulse weitergeleitet werden an dein Gehirn, wo sie in ein Bild verwandelt werden, das dir »bewusst« wird und du so ein Bild von der Welt gewinnst – nicht als Abbild ihres Seins, sondern als Erschaffung deines Gehirns. Rot, Grün, Gelb, Blau – das alles trägt den Stempel des Gehirns, wird dort erfunden. Ohne Gehirn gibt es in diesem Universum kein Rot, Grün, Gelb und Blau. Und diese Erschaffung erweist sich im Normalfall (die Fata Morgana ist ja eher ein Ausnahmefall) als hinreichend adäquat dafür, in ganz unterschiedlichen Situationen Entscheidungen zu treffen, die unser Überleben sichern.

Das Mysterium unseres Gewordenseins

Und wie kommen die Augen in deinen Kopf? Wer hat sie da hineingetan? Niemand, sie sind als ein Teil von dir in deinem Bauplan vorgesehen gewesen und entsprechend gewachsen. *Gewachsen*? Ja, im Bauch deiner Mutter ist das geschehen, denn du warst (beachte, dass von *dir* die Rede ist!) zunächst nur eine einzige Zelle. Die war zwar mikroskopisch klein, aber der Bauplan war schon in ihr drin – er wurde dann in den nächsten Monaten wirksam – und zwei Augen mit ganz bestimmten Eigenschaften waren darin vorgesehen und prägten sich dann aus. *Und wer war der Baumeister? Die Mutter?* Nein, die Mutter konnte nichts machen. Sie konnte nur abwarten und darauf vertrauen, dass es von selbst geschah. *Von selbst??* Ja, in dieser Zelle, die du warst, war ein Bauplan enthalten, der sich in einen Prozess der Selbstverwirklichung ohne Eingriff von außen begeben hat. *Das ist alles zu fantastisch, als dass man es glauben könnte!* Eben! Und es kommt noch wundersamer! *Wie bin ich denn, also diese eine Zelle, in den Bauch der Mutter hineingeraten? Von nichts kommt nichts! Also, wer hat sie da reingetan, und wer hat diesen mysteriösen Bauplan in die Zelle hineingeschmuggelt? Habe ich nicht ein Recht darauf, über meine Herkunft Bescheid zu wissen?* Ja, unbedingt! Der Reihe nach: Wer hat dich, die Zelle, da hineingetan? Wie du richtig vermutest, bist du nicht aus dem Nichts entstanden. Du Zelle bist ein Gemeinschaftswerk von Mutter und Vater. Jeder von beiden hat eine (einzige) Zelle von sich selbst (denn der ganze Mensch besteht aus Milliarden solcher Zellen) dazugegeben. Die Zelle der Mutter lag bereit, und der Vater hat seine Zelle zu ihr auf den Weg geschickt – ein erneutes Wunder. Die Mutterzelle enthielt den Mutter-Bauplan, die Vaterzelle den Vater-Bauplan. Und jetzt geschah es, dass diese beiden Zellen einander getroffen haben und sich sodann – halte dich fest! – vereinigt haben. Und diese Vereinigungszelle, das warst du! Jedenfalls steckte da drin, was du werden solltest. *Aber von wem habe ich den Bauplan, wer hat den bestimmt?* Ja, das ist abermals wundersam, ist von einer unfassbaren Genialität: Die beiden Baupläne haben sich so gemischt, halb von der Mutter, halb vom Vater, dass daraus etwas Neues entstanden ist, was es vorher auf der ganzen Welt nie gegeben hat. Du bist einmalig im ganzen Universum! Ein Mutter-Vater-Gemisch in einer zufälligen Kombi. Dein Bruder, deine Schwester haben dasselbe Mutter-Vater-Gemisch, aber in einer völlig anderen Kombi, ausgewürfelt vom – wir wissen nicht, von wem, darum sagen wir: vom Zufall. *Das alles wusste ich ja, du erzählst mir ja nichts Neues, aber es ist doch eindrücklich, sich dies alles zu vergegenwärtigen! Genau genommen bin ich ein-*

malig – aber andererseits auch ganz genauso gebaut wie Milliarden andere Menschen, oder?

Ja, die Baupläne von Mutter und Vater sind sich in vielem gleich – und sehr ähnlich wie bei allen Menschen, heute und in grauer Vorzeit. Bei der Zusammenmischung entsteht immer wieder das typisch Menschliche – zwei Augen, zwei Hände, ein Herz, ein fantastisches Gehirn, fünf Finger, zig Knochen et cetera – immer gleich zu einer wiederkehrenden Gestalt zusammengefügt. Du bist nicht als Katze oder als Käfer, als Elefant oder als Pavian auf die Welt gekommen, sondern als Mensch. *Und warum ausgerechnet als Mensch?* Ich weiß es nicht. *Und wer hat diesen typisch menschlichen Bauplan gemacht, nach dessen Richtlinie ich geworden bin? Mutter und Vater haben den ja auch nicht gemacht, sondern bereits fix und fertig in sich getragen, oder? Wer war der Baumeister, der an alles gedacht hat und es so gemacht hat, wie er oder sie es im Sinn hatte?*

Das ist die Frage nach der Schöpfungsgeschichte! Es gibt über sie verschiedene Annahmen. Sie sind alle ziemlich aufregend. Die eine Version findest du in der Bibel, im Tagebuch der Menschheit. Danach war Gott der Konstrukteur und hat den Menschen so geschaffen, wie er jetzt ist – und ihn so geformt, dass er ihm ähnlich sei. Der aufgeklärte Wissenschaftler in uns glaubt das nicht – es sei denn, es wäre als Metapher gemeint, als ein Denkbild, um uns das Unbegreifliche vorstellen zu können. Eine andere Schöpfungsgeschichte lehrt uns die Evolutionstheorie. Danach hat dein Bauplan eine lange, Milliarden Jahre lange Geschichte des Werdens und Gewordenseins hinter sich. So wie Mutter und Vater dir ihre menschentypischen Grundbaupläne in deine Urzelle hineingegeben haben, so haben sie ihre Baupläne ebenso von ihren Vorfahren erhalten. Und wenn man deine Ahnenreihe im Zeitraffer zurückverfolgen könnte, dann würden mehr oder weniger kluge und tapfere Leute vor Augen kommen, die alle schon in etwa deinen Grundbauplan in ihren Zellen hatten. Das müssen alles tüchtige Überlebenskünstler gewesen sein, denn sie haben mindestens bis zu ihrer Geschlechtsreife gelebt, sodass sie zumindest eine ihrer Zellen in die vereinigte Mischung hineingeben konnten. So blieb ein Teil von ihnen in der neuen Mischung der Neugeburt erhalten und konnte weiterleben, auch nach ihrem Tod. Wenn du ein Kind hast, wird es dir genauso ergehen. – Wäre auch nur einer oder eine von deiner Ahnenreihe vor der Geschlechtsreife gestorben, würde es dich nicht geben!

Würden wir nun im Zeitraffer deine persönliche Ahnenreihe weiter in die Vorzeit zurückverfolgen, dann würden wir sehen: Sie sehen nicht mehr ganz so aus wie wir Menschen heute, sie ähneln den Menschenaffen – und leben oft auf Bäumen. Bei der Weitergabe der Zelle gibt es zuweilen innovative neue Mischungen, und die geborenen Kinder haben etwas Neues an sich, was es vorher noch nicht gab. Deinen aufrechten Gang zum Beispiel, die Fähigkeit, auf zwei Beinen zu gehen oder zu laufen oder zu stehen – das haben deine Vorfahren nach und nach »erfunden« – in Anführungszeichen, denn es geschah ihnen durch gelegentliche Veränderungen ihrer Baupläne, ihrer Wirbelsäule, ihrer Beine. Und rasen wir im Zeitraffer noch ein paar Millionen Jahre zurück (Millionen! Die 2000 Jahre nach Christus sind nicht mehr als ein Wimpernschlag, das war erst gerade kürzlich!), dann kannst du deine höchstpersönlichen Vorfahren als ziemlich kleine Säugetiere besichtigen – denn du bist ein ganz normales, wenn auch sehr besonderes Säugetier. *Ach, dann bin ich also ein Tier?* Ja, wenn auch, wie gesagt, ein sehr besonderes. Und wenn du deine Ahnenforschung noch weitertreiben willst und abermals eine Zeitreise von Millionen Jahren zurücklegst, dann entdeckst du einen Urahnen, dessen Vorfahren im Wasser gelebt haben, aber der jetzt anfängt, an Land zu kriechen – ein Amphibion. Dass du heute ein Landbewohner bist und kein Fisch, das hat dieser Vorfahre »zustande gebracht« – wieder in Anführungszeichen, denn es geschah ihm durch Veränderung einiger seiner Gene (das sind Zellen, die den Bauplan beeinflussen). Das sind immer nur kleine Teile des Bauplanes, die sich verändern – im Großen und Ganzen bleibt er gleich. Aber wenn diese kleinen Teile zu einer Veränderung führen, die das Überleben auf der gefährlichen Erde erleichtern, dann hatte dieser Vorfahre wieder eine bessere Chance, bis zur Geschlechtsreife zu überleben.

Mit den Amphibien, diesen uralten Vorfahren, habe ich kaum noch etwas gemein, oder? Doch, doch, vieles in deinem Bauplan hat noch große Ähnlichkeit mit dem der Amphibien – du hast sie, wie alle deine Vorfahren, noch in dir. Sogar noch einiges von den Fischen, das kann dir ein vergleichender Biologe genauer erklären. Und wenn wir deinen Ursprung noch weiter zurückverfolgen, vielleicht noch einmal so lange wie bisher, wahrscheinlich länger, dann begegnest du irgendwann einem mikroskopisch kleinen Vorfahren, der nur aus einer einzigen Zelle besteht und der – jetzt wird alles vollends unfassbar – aus einem Staubkorn Erde, also unbelebter Materie, entstanden ist, irgendwann, irgendwie. Verglichen mit dieser Urverwandlung sind alle späteren Veränderungen – vom Einzeller zum Fisch zum Amphibion zum Säugetier zum Menschen – nur minimale Erweiterungen, obwohl sie von grandioser Unfassbarkeit sind. Aber dass dein Vorfahre ein Staubkorn war? Wer soll das begreifen? Und wenn du die radikale Suche nach deinem Ursprung auf die Spitze treibst, dann wirst du fragen: Und woher kommt die Erde, woher kommen überhaupt die Sterne im Universum? Die Astronomen sagen, es habe einen Urknall gegeben – und dadurch und danach habe sich Materie gebildet und ausgebreitet. Und wieso gab es einen Urknall, wer oder was hat diesen Urknall ausgelöst, wieso hatte das die Folgen, die es hatte? Dass es Sternenstaub gab und gibt, aus dem ich letztlich entstanden bin? – Spätestens hier endet unser Wissen, und alles erweist sich als ein großes Mysterium. Ich habe dir auf den letzten Seiten gewiss nichts Neues erzählt, und doch habe ich dir und mir diesen Hintergrund unseres Daseins vergegenwärtigen wollen. Denn diese wissenschaftlich fundierte Schöpfungsgeschichte nötigt mir noch mehr staunende Ehrfurcht ab als die Schöpfungsgeschichte der Bibel.[1] Und wenn du dich als Teil dieses Mysteriums begreifst, wenn du das mal so richtig an dich heranlässt, dann wirst du jeden Augenblick deines Daseins, auch gerade den hier, jetzt, in diesem Moment, als eine unfassbar gigantische Sensation erkennen und empfinden. Das Innewerden dieses Mysteriums – das ist Erfüllung vom Typus Delta!

Bewusstsein der Geschöpflichkeit

Was gehört dazu, um eine Delta-Erfüllung zu erfahren? Ich frage mich dies selbst, bin kein Meister dieses Quadranten, eher ein Lehrling. Es geht um die spirituelle Dimension des Lebens, und jeder Glaube, jede Religion, jede Lebensphilosophie, die diesen Namen verdient, schlägt sich damit herum, auch und gerade in modernen Zeiten, die von der Wissenschaft geprägt sind.

Das Erste, was dazugehört, ist das Bewusstsein davon, ein Geschöpf inmitten einer Schöpfung zu sein. Bei aller »Selbstwirksamkeitserwartung«, die es zu fördern gilt, um Ziele zu erreichen – bei aller beschworenen Autonomie einer bewussten Lebensführung bin und bleibe ich doch von Anfang bis Ende ein Geschöpf. Die vorausgegangenen Seiten sollten an die Geschöpflichkeit erinnern. Bei aller Regieführung meiner Selbstverwirklichung – ich finde mich erst einmal biologisch ausgereift vor, mit allem Drum und Dran. Und wenn ich auf meine Hand schaue, die hier auf dem Tisch ruht – dann sehe ich die fünf Finger (genau fünf, nicht mehr und nicht weniger), wie sie Affen und andere Tiere auch haben, sehe die Fingernägel, die meine Vorfahren einst als Krallen benutzten. Und wenn ich »beschließe«, und zwar oben im Kopf, die Hand zu heben, dann wartet sie auf den endgültigen Jetzt-Befehl und ... hebt sich, einmal, zweimal, so oft ich »will«. Mein Geist vermag es, die Hand gegen die Schwerkraft nach oben zu heben, ohne dass sie von jemandem oder von etwas gehoben wird. Sieg des Geistes über die Materie? Es funktioniert nur, wenn bestimmte Zellen im Gehirn durchblutet sind – ein neues Wunder! Sonst kann der Geist seine Willensmacht nicht ausüben. Sonst nützt kein Befehl etwas, die ausführenden Muskelzellen können nicht gehorchen. Ich habe das nach einem Schlaganfall verstörend erlebt, rechts war alles gelähmt – Arme, Beine, Sprache. Dies alles ist derart sensationell und unbegreiflich – und hätten wir uns nicht daran gewöhnt und würden wir es nicht als normal und selbstverständlich empfinden, kämen wir aus dem Staunen gar nicht mehr heraus. Und das Beispiel mit der Hand ist nur der einfachste Fall. Die Lebensvollzüge, die wir nicht *machen,* sondern die uns *geschehen* und die sich in uns vollziehen, sind von einer derartig wundersamen Komplexität, dass wir dessen nur mit einer ehrfürchtigen Faszination gewahr werden können. Als bewusstes und handelndes Subjekt erkennen wir uns als gewordenes Geschöpf mit milliardenjahrelanger Vorgeschichte. Wenn ich zu dir sage: *Du bist ein Geschenk des Himmels*?, dann ist das keine fromme Poesie und kein esoterisches Gedöns, sondern – »evidenzbasiert« – der Erkenntnisstand der modernen Wissenschaft, verbunden mit der ontologischen Paradoxie, dass du das Geschenk und der/die Beschenkte zugleich bist.

Geschöpf und Schöpfer

Das Offenbarwerden dieses Geschenkes, das Innewerden der eigenen Geschöpflichkeit fördert die Lebenserfüllung vom Typus Delta. Dieses Bewusstsein kann in den Hintergrund treten oder ganz vergessen werden, wenn wir von den modernen Coaches angefeuert werden, unser Leben in die Hand zu nehmen, etwas daraus zu machen, unseres Glückes Schmied zu werden und die Verantwortung für die Folgen zu übernehmen. Wenn wir ermutigt und ermahnt werden, uns aus dem Opferstatus zu befreien und die Selbstwirksamkeit zu steigern. Das Ideal ist hier, zum Schöpfer seiner selbst und zum Meister seines Schicksals zu werden: Mach was aus dir – was auch immer deine Gene und deine Sozialisation aus dir gemacht haben, jetzt liegt es an dir, zum Baumeister, zur Baumeisterin deiner selbst zu werden! Und ganz recht haben sie, die modernen Coaches. Aber es ist nur die halbe existenzielle Wahrheit. Die andere Hälfte ist vielleicht nicht ideal, aber wissenschaftlich gut belegt: Wir sind nicht nur und nicht vor allem Schöpfer unserer selbst, sondern Geschöpfe, die sich in dieser kosmischen Universalveranstaltung so und nicht anders vorfinden, mit denen von der Zeugung bis zum Sterben etwas geschieht, die nicht nur leben, sondern auch »gelebt werden«. Ich weiß ja nicht, was mir bevorsteht, und ich kann es mir nicht aussuchen – lediglich ein wenig Vorsorge treffen – und dieses »ein wenig« ist schon viel.

Zwei Hälften der Wahrheit! Ich habe den Eindruck, dass diese beiden Hälften in der menschlichen Seelsorge arbeitsteilig erkannt und verkündet werden. Kirchenleute und Psychologinnen standen zu meiner Zeit nicht selten in einem argwöhnischen Verhältnis zueinander. Kann sein, dass sich dies allmählich ändert. Wenn Psychologinnen von Selbstverwirklichung des Menschen sprechen, von Selbstwirksamkeit und Selbstbehauptung, von Selbstreflexion und Selbstermächtigung, dann steckt für die gläubige Christin darin zu viel Selbstherrlichkeit. Wo bleibt die Anerkennung, ein Geschöpf zu sein, der Gnade bedürftig, wo bleibt die Demut? Und umgekehrt hegen die »Psychos« gegenüber den bibeltreuen Verkündern von Gottes Wort den Verdacht, sie würden den Menschen in seinem Ringen um das gute und richtige Leben mit frommen Sprüchen abspeisen und ihm beibringen, dass nicht *sein* Wille geschehe. Bevor sich dieses argwöhnische Verhältnis polarisiert, möchte ich vorschlagen, hier die Wahrheit zu zweit beginnen zu lassen. Das ist ja gerade das eigenartige Wesen des Menschen, das Wesen von dir und mir: dass uns das Leben geschenkt wurde, wir uns mit allem, was an uns dran und in uns drin ist, fix und fertig vorfinden, einem zugeteilten Schicksal preisgegeben sind – einerseits! Und andererseits den Appell in uns tragen: »Nun mach was draus!« Und dass wir in gewissen Grenzen zum Gestalter unseres Selbst (Kapitel Omega!) und unseres Lebens werden können. Stimmt ja beides – sowohl als auch, nicht entweder oder. Wie du dich vorfindest, was dir widerfährt und was du selbstwirksam erreichst – diese drei Fäden verweben sich unaufhörlich zu deinem Schicksalsteppich. Eine gute Seelsorgerin, ein guter Seelsorger sollte aus meiner Sicht dieses Existenzquadrat vor Augen haben:

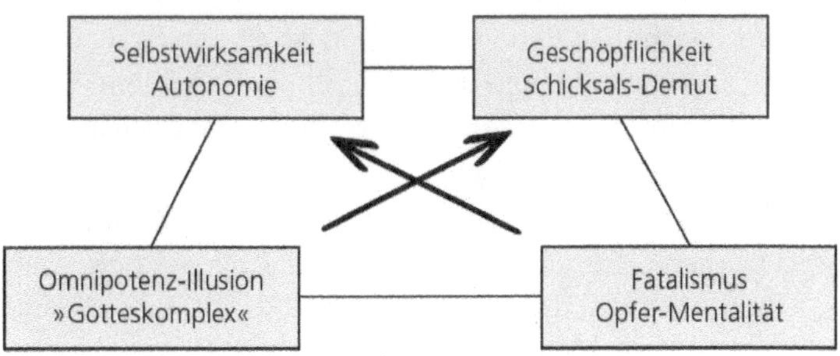

Abb. 16: Existenzielles Wertequadrat

Wie immer im Wertequadrat sind die wünschenswerten Haltungen rechts oben und links oben zwar Gegensätze, aber *komplementäre* Gegensätze. Das heißt, sie stehen idealerweise in einem Ergänzungsverhältnis und bedürfen einander, damit der Regenbogen aufgehen kann. Der geht ja auch nur auf, wenn zwei qualitative Gegebenheiten gegensätzlicher Art (Sonne und Regen) gleichzeitig vorhanden sind. Wenn nicht, wenn nur eine der beiden Haltungen verinnerlicht ist und überwertig gelebt wird, dann besteht die Gefahr, dass sie im Wertequadrat nach unten abrutscht und sich durch Absolutsetzung und Übertreibung in eine Fehlhaltung verkehrt. Wer sich mit dem Schöpfer (in sich) überidentifiziert, ist in Gefahr der Selbstherrlichkeit, der Illusion (oder jedenfalls des Ehrgeizes), alles im Griff zu haben. Horst-Eberhard Richter nannte es den Gotteskomplex, wenn der Mensch sich die Erde untertan macht und sich zum Konstrukteur der Schöpfung erhebt.[2] Wer sich hingegen nur als Geschöpf begreift, bei dem kann Schicksalsergebenheit in Fatalismus ausarten, der wird sein eigenes Schicksal nicht mutig und selbstbestimmt in die Hand nehmen, wird alles als vorbestimmt und sich selbst nur als gegeben ansehen (»so bin ich nun mal« …), nicht als entwicklungsbedürftig und entwicklungsfähig aus eigenem Entschluss.

Und wie immer im Wertequadrat überkreuzen sich die Entwicklungsrichtungen verschiedener Menschen. Wer eher in Gefahr ist, nach links unten abzurutschen, kann und sollte die Haltung rechts oben hinzugewinnen. Und wer sich rechts unten zu sehr als Opfer definiert, braucht eine Ermutigung, die Qualität links oben zu erobern, damit eine Balance und Ergänzungspartnerschaft auf der oberen Etage entstehen kann.

Wie können wir diese Regenbogenqualität nennen? Vielleicht »Selbstverantwortlichkeit in Demut und Ehrfurcht«. Eine geistige Verwandtschaft besteht zu der Empfehlung: »Beten, als ob alles von Gott abhinge – und handeln, als ob alles nur von mir abhinge!«

Sein und Sorgen

Nach diesem kleinen Exkurs kehren wir zur Lebenserfüllung vom Typus Delta zurück. Ich hatte behauptet, dass diese aus der Ergriffenheit über unser Dasein entsteht, aus dem Innewerden eines unglaublichen Universums, aus dem wir entstanden und von dem wir ein Teil sind und von dem wir nicht wissen, wieso und wozu. Aus der unfassbaren Erkenntnis, dass das, was mich ausmacht, eine Milliarden Jahre lange Geschichte des Werdens und Gewordenseins hinter sich hat. Wenn ich diese Unglaublichkeit an mich heranlasse, dann wird jeder Augenblick, jeder Atemzug, jeder Herzschlag, jede Bewegung, jede Wahrnehmung zu einem erfüllenden Lebensereignis. *Wenn*! Normalerweise bin ich nicht in diesem spirituellen Modus, soll es gewiss auch nicht sein. Denn ich muss ja sehen, dass ich zurechtkomme, erledige, was zu erledigen ist, und meinen prosaischen Alltag bewältige. Normalerweise bin ich eher im Modus der »Polypramasie«: der hektischen Vielgeschäftigkeit mit unendlichen Abarbeitungsorgien. Die Sorge um das Überleben (erinnere dich: Du bist der Nachfahre von Überlebensvirtuosen!) beseelt dich jeden Tag aufs Neue und okkupiert deinen Geist. Die pure Daseinsfreude, die Lebenserfüllung durch das Dasein selbst, die Ansprache an den Augenblick »Verweile doch, du bist so schön!« – dieser Modus ist alles andere als allgegenwärtig. Jedenfalls sind das in meinem Leben seltene Momente, in denen ich fühle (und später dichte):

Wenn warme Sonne mich umschmeichelt
und kühler Wind mich sachte streichelt,
dann denk ich leise vor mich hin:
wie schön, dass ich geboren bin!

»Die Absicht, dass der Mensch glücklich sei, ist im Plan der Schöpfung nicht enthalten«, konstatierte Sigmund Freud (in: »Das Unbehagen in der Kultur«[3]). Warum nicht? Weil die Sorge um das (gute) Überleben in unserem überlebensdienlichen Gehirn so dominant hineinkonstruiert ist, dass es jede pure Daseinsfreude übertönt und in den Schatten stellt. »Sorge dich nicht, lebe!« war ein gigantischer Bestseller von Dale Carnegie, vermutlich, weil so viele Menschen das ungute Lebensgefühl beschleicht, von Sorgen belagert und erdrückt zu werden, auf Kosten der Freude, am Leben zu sein. Das will, bevor wir vielleicht fähig werden, daran etwas zu ändern, erst einmal als Menschenschicksal erkannt sein. Schöpfungsgeschichtlich ist dein Gehirn so konstruiert, dass es seine Aufmerksamkeit, seine Gedanken und Wahrnehmungen auf das potenziell Gefährliche, Widrige konzentriert, auf alles, was auf Regelungs- und Handlungsbedarf hindeutet. Wer in der Vorzeit die Gefahren rechtzeitig vorhersah, konnte länger überleben, Nachkommen zeugen und so dein Vorfahre werden. Dieses Erbe steckt in dir drin. Viele Menschen, nicht nur Sigmund Freud, haben darüber gestöhnt und gewitzelt. Zum Beispiel: »Guten Morgen, liebe Sorgen, seid ihr auch schon alle da? Habt ihr auch so gut geschlafen? Na, dann ist ja alles klar!« (Jürgen von der Lippe). Eigentlich müsste es heißen: »Habt ihr auch so schlecht geschlafen …?« – Oder Wilhelm Busch:

DIE ALTE SORGE

Er kriegte Geld. Die Sorge wich,
die ihn bisher beklommen.

Er hat die Jungfer Fröhlich sich
zu seinem Schatz genommen.

Sie tranken Wein, sie aßen fein,
sie sangen zum Klaviere;

doch wie sie sich so recht erfreun,
da klopft es an die Türe.

Die alte Sorge war's, oh weh,
die magerste der Sorgen.

Sie setzte sich ins Kanapee
und wünschte Guten Morgen.

Und womöglich nicht erst am Morgen: Wenn du nachts aufwachst und die Sorgen und quälenden Gedanken über dich herfallen, dir unter die Haut kriechen, sodass du nicht mehr einschlafen kannst, obwohl du den Schlaf bitter nötig hättest –

dann ziehe daraus nicht den Schluss, dass du psychiatrischer Behandlung bedarfst, sondern dass du ein Mensch bist! Geboren mit einem Gehirn, das sich darauf spezialisiert hat, dich über alles in Unruhe zu versetzen, was potenziell gefährlich ist oder was geklärt und geregelt werden muss. Man könnte den Menschen definieren als »Tier mit Sorgenfalten«. Die Sorge ist ihm eigentümlich, ist sein »Alleinstellungsmerkmal«. Interessant ist, dass in der deutschen Sprache das Wort »sorgen« eine doppelte Bedeutung hat: Zum einen bezeichnet es einen unbehaglichen Seelenzustand – »sich Sorgen machen, sorgenvoll sein«. Zum anderen bezeichnet es auch eine Abhilfe schaffende Handlungsbereitschaft, im Sinne von »dafür sorgen, dass«. Auch »Vorsorge« und »Fürsorge« stehen für diese zweite Bedeutung. Das »Sorgerecht« für Eltern ist ganz in diesem Sinne und meint nicht, dass sie sich Sorgen machen dürfen. Ist das eine typisch deutsche Gleichsetzung? Soweit ich sehe, ist das im Englischen sprachlich getrennt (*to worry* und *to care/ensure*). Im Deutschen finden wir es auch beim *Kummer* (= unbehaglicher Seelenzustand) und beim *sich kümmern* (= Abhilfe schaffen, regeln, in Ordnung bringen). Im Englischen wieder getrennt: *grief* und *to take care*.

Aber das wäre ein Thema für vergleichende Sprachwissenschaftlerinnen und für Sprachphilosophen, die aus der Spracheigentümlichkeit etwas über die Mentalität und den Seelenzustand unserer sprachprägenden Vorfahren erkennen wollen. Für unser Thema, die Erfüllung vom Typus Delta, bleibt festzuhalten: die Daseinsfreude, die Dankbarkeit, am Leben zu sein, die tief gehende Ergriffenheit, ein Teil dieses wundersamen Kosmos zu sein – all dies ist nicht so leicht zu haben, da wir stark in

Anspruch genommen sind, alles hinzukriegen, was unser Erdendasein (und das unserer Lieben und Nächsten) halbwegs sicher und angenehm machen soll. Ich muss nicht erwähnen, dass viele Menschen auf diesem Planeten und auch hierzulande objektiv Anlass zur Sorge um den nächsten Tag haben. Aber viele von uns, die wir ein hinlängliches Auskommen haben, sind wohl mehr von Sorgen gepeinigt, als es sein müsste. Da dies seinen guten Grund hat und zutiefst in der menschlichen Natur verankert ist, stellt sich die Frage: Wie können wir eine Daseinserfüllung vom Typus Delta, sofern wir sie für wünschenswert halten, dennoch befördern? Immerhin ist es ja auch ein menschliches Vermögen, dass wir (ein wenig) Einfluss nehmen können auf uns selbst. Genial ist das chinesische Sprichwort:

> *Du kannst nicht verhindern, dass die Vögel der Besorgnis über deinem Kopf kreisen. Aber du kannst verhindern, dass sie sich in deinem Kopf ein Nest bauen.*

Plädoyer für die »kleine Erleuchtung«

Wahrscheinlich sind wir Kinder der westlichen Kultur mehrheitlich nicht geschaffen für die »große Erleuchtung«, durch welche wir unser normal funktionierendes Alltagsbewusstsein überschreiten und einer Erfahrung teilhaftig werden, die unser Dasein in einen universalen Gesamtzusammenhang stellt und dies intensiv fühlbar macht. Aber für eine »kleine Erleuchtung«, die hin und wieder in das normale Alltagsbewusstsein hineingefügt wäre?

Analog dazu habe ich immer schon gefunden: Die »große Psychologie« (mit ihrer Methodenlehre, ihrer Geschichte, ihrer Professionalität in der Anwendung) ist für studierte Psychologinnen, für die akademische Spezialisierung. Aber die »kleine Psychologie« gehört in die Hand von jedermann und jederfrau! Dazu gehört die Kenntnis von den Unterschieden der Persönlichkeiten, sodass ich auch empathisch werden kann mit Menschen, die ganz anders ticken als ich selbst. Dazu gehört die Kenntnis zwischenmenschlicher Mechanismen wie Projektion und Übertragung – denn so etwas wird mir zeitlebens immer wieder begegnen. Dazu gehört das Wissen von der inneren Pluralität (mehrere Seelen, ach, in meiner Brust) und der dort herrschenden Dynamik des Miteinanders und Gegeneinanders und so weiter und so weiter – meine Bücher und mein gesamtes Werk sind von dem Wunsch beseelt, die »kleine Psychologie« aus der Hand zu geben, soweit sie das Zwischenmenschliche betrifft.

Zurück zu unserem Thema hier: Es sollte doch möglich sein, in unserem Sein und Streben die »kleine Erleuchtung« zu befördern? Dass es mir hin und wieder – und immer wieder – gelingt, mit dem Mysterium meines Daseins so in Kontakt zu kommen, dass mein Lebensgefühl und der Kompass meiner Lebensführung davon nicht unberührt bleiben? Ich habe gehört und gelesen, dass man auf dem Weg zur Erleuchtung einen Reiseführer braucht, einen »Meister«, der die Erleuchtung bereits erlangt hat und weiß, wie man dahin kommt – und wie man das Ziel garantiert verfehlen würde. Ich halte das für möglich, stelle aber fest, dass ich selbst nicht der Typ für eine solche Bindung an einen Meister bin. Ich bin in den siebziger Jahren nicht, wie einige meiner Altersgenossen, nach Poona zu Bhagwan gereist – und ich wäre, wenn ich vor 2000 Jahren gelebt hätte, gewiss keiner der zwölf Jünger geworden, der Haus, Beruf und Familie hinter sich lässt, um dem Meister auf seinen Wegen zu folgen.

So nicht, aber wie dann? Mit diesem Kapitel möchte ich Sie, liebe Leserin, lieber Leser, ermutigen, einen eigenen, Ihnen wesensgemäßen Weg zu (er)finden. Vielleicht bist du da viel weiter als ich, der ich mich hier als Lehrling bekenne. Vielleicht hattest und hast du das Glück, in einer Kirchengemeinde aufgehoben zu sein, in der nicht fromm verkündet, sondern in der ein eigener Suchprozess angestiftet und moderiert wird? Oder du meditierst oder hast dich mit Buddhismus beschäftigt? Gewiss willst und wirst du kein Buddha werden im Sinne der »großen Erleuchtung«. Aber vielleicht gelingt es dir, einen kleinen Buddha in dein Inneres Team aufzunehmen – sodass er hin und wieder in manchen Lebenslagen eine Mitwirkung entfaltet oder mit Sitz und Stimme an mancher deiner inneren Ratsversammlungen teilnimmt? Vielleicht hast du schon einen Jesus in dir, der dich zuweilen daran erinnert: »Was hülfe es dem Menschen, wenn er die ganze Welt gewönne, aber Schaden nähme an seiner Seele?«

Neue Mitglieder im Inneren Team

In meinem Modell vom Inneren Team (1998) ist es vorgesehen, im Laufe des Lebens neue innere Mitglieder einzustellen und aufzubauen. So brauchte ich etwa dringend einen »Bruder Leichtfuß«, der die Gabe hat, manche Widrigkeiten auf die leichtere Schulter zu nehmen. Denn meine Stammspieler neigen dazu, vergrätzt und vergriesgnaddelt zu reagieren, wenn etwas nicht rund und stimmig läuft, um mir dann unverhältnismäßig heftig die Lebenslaune zu verderben. Nicht, dass Bruder Leichtfuß mich davon vollends erlöst hätte – die alten Stammspieler (zum Beispiel der Perfektionist) verteidigen robust ihr Terrain –, aber er kann doch in manchen Situationen die Seelenlage etwas auflockern und mit ein wenig Narrenfreiheit zur »Leichtigkeit des Seins« beitragen, ebenso wie der schon beschriebene innere Frank Wesley (S. 102 f.).

Wenn ich jetzt an die Lebenserfüllung vom Typus Delta denke, dann kommen mir zwei weitere neue Teammitglieder in den Sinn, die beide das Versprechen in sich tragen, mein Dasein in dieser Welt als ergreifend und erfüllend zu erleben. Erstens ist da einer, der von der Wundersamkeit und Würde des gelebten Augenblicks berührt wird. Aber ich muss anders anfangen, um das Gemeinte verständlich zu machen. Mir ist aufgefallen, dass ich die allermeiste Zeit meines Wachlebens zweckgebunden verbringe. Ich tue etwas, um zu … – Wenn ich mit dem Fahrrad zum Rückentraining unterwegs bin, dann ist das Fahrradfahren nur ein Mittel, um zum Ziel zu kommen. *Nur ein Mittel, um zu …* – Es kommt darauf an, die Fahrt möglichst schnell, reibungslos und kraftsparend hinter mich zu bringen, damit »das Eigentliche« erreichbar wird. Ich empfinde das Fahrradfahren nicht als wertvollen Augenblick meines Lebens – als etwas, was um seiner selbst willen wundersam erlebt und ausgekostet werden kann. Die Würde des Augenblicks wird erst erkennbar, wenn ich mir vor Augen halte, dass ich vor Zeiten, als Fünfjähriger, noch nicht die Balance halten konnte und dass ich es irgendwann nicht mehr können werde, zuerst aus Altersgründen und dann in alle Ewigkeit nicht mehr. Aber jetzt, zwischen diesen beiden Ewigkeiten, jetzt kann ich es, und ich bewege mich mit eigener Kraft auf diesem genialen Gefährt, das mir den Fahrtwind um die Nase wehen lässt. Was für ein Moment: Ich sause durch die Welt und kippe weder nach rechts noch nach links! – Empfinde ich das so, kann ich das so würdigen? Normalerweise soll die Fahrt doch nur absolviert sein, um zu … – Ich glaube, wir verbringen einen großen Teil unseres Lebens im Modus des *Absolvierens.*

Das wäre unter zwei Voraussetzungen nicht weiter schlimm. Erstens, wenn die zu absolvierende Vorbereitung nur kurz wäre, zum Beispiel, ich will heute noch malen und dafür noch schnell die Staffelei aufstellen und die Pinsel aus der Schublade holen. Hier steht »das Eigentliche« kurz bevor und wird dann meinen Tag ausmachen. Wenn es mir hier nicht gelingt, das Herauskramen der Pinsel zu einem magischen Augenblick zu machen, wäre es nicht weiter tragisch. Aber ich fürchte, dass viele Stunden, Tage, Wochen und Jahre im Modus des Absolvierens, der Vorbereitung auf »das Eigentliche« verbracht werden. Wenn ein junger Mensch sich zu einem Studium entschließt mit der Haltung: »Ich will da möglichst schnell durch«, dann wird das jahrelange Studium zum bloßen Vorbereitungsstadium für das Eigentliche herabgewürdigt. Das ist es ja sicher *auch,* und nichts gegen ein effektives Studium! Aber wenn die Studierzeit nicht *auch* um ihrer selbst willen gelebt und ausgekostet werden kann, als etwas, was mit all seinen wundervollen Besonderheiten wahrscheinlich nur einmal im Leben erfahren werden kann, dann ist der Möglichst-schnell-durch-Student ein armer Wicht – oder mit Goethe gesprochen: ein trüber Gast auf Erden. Und womöglich wird er irgendwann seinen erstrebten Beruf nur ausüben, um sich dadurch »das Eigentliche« zu ermöglichen. – Und was ist »das Eigentliche«? Jetzt wird es spannend! Wir kommen zu der zweiten Voraussetzung, unter der es nicht so schlimm wäre, der Mittel-Zweck-Spaltung verhaftet zu sein und gewisse Phasen des Uneigentlichen absolvierend zu durchlaufen. Nämlich unter der Voraussetzung, dass das erstrebte Eigentliche sich dann auch als solches entpuppt. Aber ach, wenn ich mit dem Fahrrad das Ziel erreicht habe und mit dem Rückentraining beginne, ist das nun das Eigentliche? Keineswegs, das mache ich auch wieder nicht um seiner selbst willen, sondern auch wieder nur um zu ... – Das erstrebte Eigentliche entpuppt sich seinerseits als Mittel zum Zweck. Der Modus des Absolvierens verewigt sich, die permanente Intentionalität erwürgt das bloße Sein.

Wie soll ich dieses Teammitglied nennen, das sich für den Zauber des Augenblicks aufschließt und diesen um seiner selbst willen auszukosten versteht? Es braucht einen kurzen und eingängigen Namen, daher: der »Augenblicks-Zauberer«. Vielleicht wirst du einen anderen Namen wählen, zum Beispiel »Schwester Achtsam«. Die Lehre von der Achtsamkeit hat eine Verwandtschaft mit dem, was ich hier vortrage. – Wohlgemerkt, diese innere Mitarbeiterin erwacht nicht erst in den großen Momenten des Lebens, in den unvergesslichen Sternstunden, die eine Erfüllung vom Typus Gamma hervorbringen, sondern auch und gerade in den völlig unspektakulären Momenten des alltäglichen Lebensvollzugs.

Wenn es dir hin und wieder gelingt, im gelebten Augenblick den Zauber zu spüren, dann verändert sich dein Leben. Man muss dafür einen mentalen Schalter umlegen. Zum Beispiel sitze ich im Sessel und lese Zeitung. Meine Frau kommt ins Wohnzimmer, um die Blumen zu versorgen. Meine innere Normalreaktion: »Ja okay, muss ja sein, aber es nervt ein bisschen, und hoffentlich ist sie bald fertig, damit ich wieder in Ruhe lesen kann!« Wenn ich aber den Schalter umlege, dann erlebe ich einen fast heiligen Moment: Ich sehe die Hortensien in der Vase, und ich sehe meine Frau, wie sie über die längst vertrockneten, aber doch in voller Pracht leuchtenden Blüten staunt und sich freut, wie sie mich darauf hinweist und halb den Blumen und halb mir ein Lächeln schenkt – und ich denke: »Was für ein wunderbarer Moment in meinem Leben! Und wenn ich einen Film über mein Leben drehe, dann soll diese Szene drin vorkommen!« – Ach, könnte ich doch immer diesen Schalter umlegen! Ob Eichendorff so etwas im Sinn hatte, als er die berühmten Zeilen dichtete?

> Schläft ein Lied in allen Dingen,
> die da träumen fort und fort,
> und die Welt hebt an zu singen,
> triffst du nur das Zauberwort!

Oh, so ist es viel schöner gesagt! Fast wollte ich schon die Ausdrucksweise vom umgelegten Schalter als zu mechanisch wieder verwerfen – aber komisch, diese technische Metapher funktioniert bei mir am besten …

Ganz im selben Sinne plädiert Peter Handke für eine achtsame Geduld in alltäglichen Momenten: Wenn eine Verkäuferin lange braucht, um sorgsam eine Vase einzuwickeln – dann sei dir bewusst, dass dies ein Stück gemeinsam verbrachter Lebenszeit ist – und vielleicht gelingt es dir, diesen Moment auszukosten. Immerhin steht dir ein Wunder der Schöpfung gegenüber! Wenn diese Wartezeit mühsam und mürrisch ertragen wird, um endlich weiterzukommen, ist sie als Lebenszeit entwertet, verloren, missachtet.

Während ich hier über dem Manuskript sitze (natürlich nur, *um zu* – um ein Buch zu veröffentlichen ...), läutet das Telefon. Eine ärgerliche Unterbrechung. Meine normale Haltung: *Störungen haben leider Vorrang, aber bitte möglichst kurz und schmerzlos, damit ich wieder meinen roten Faden finde!* Mit dieser inneren Haltung bin ich am Telefon »kurz angebunden«. Ich kann aber auch, habe ich herausgefunden, den Schalter umlegen und mit einer anderen Haltung zum Telefon gehen: *Ich bin mal gespannt, wer mich da in diesem Moment erreichen will und worum es geht – und mal sehen, vielleicht gelingt es, aus der kurzen Telefonbegegnung eine vergnügliche oder berührende Sache zu machen – und auch diesen Augenblick meines Lebens mit ganzer Präsenz zu adeln, ohne die Zielstrebigkeit aufzugeben.* Wenn mir diese »Einstellung« gelingt, habe ich nicht nur einen ergreifenden Telefonkontakt, sondern ein erfüllteres Leben.

Es ist wohl genau diese Zielstrebigkeit, die unsere Daseinsfreude vom Typus Delta zu erschlagen droht. Dabei ist Zielstrebigkeit doch etwas Gutes, oder? Oh ja, auch hier beginnt die Lebenskunst in der Dialektik, s. Abb. 17.

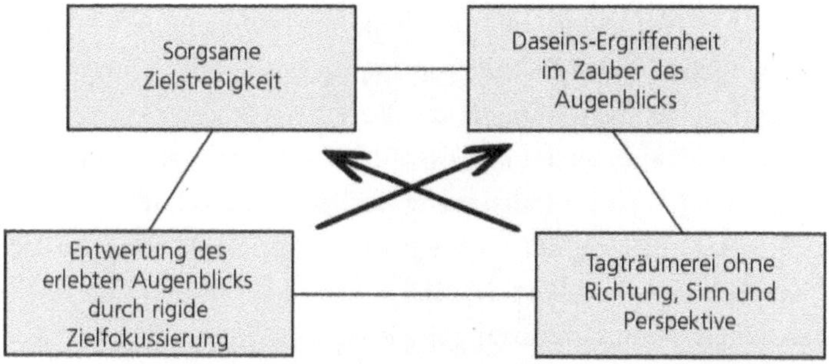

Abb. 17: Zielstrebigkeit und Augenblicksbewusstsein

Auch in diesem Wertequadrat überkreuzen sich die Entwicklungsrichtungen: Wer eher Gefahr läuft, nach rechts unten in eine augenblicksverliebte Tagträumerei abzurutschen, sollte die Qualität links oben (Zielstrebigkeit) erobern – Anleitungen dazu gibt es in jedem Coaching-Buch. Wer eher überintentional links unten gelandet ist, entfernt sich von der Delta-Erfüllung und könnte/sollte die Qualität rechts oben erobern – vielleicht gelingt das mit »Schalter umlegen«! ...

Menschen, die eine schwere Krankheit überstanden haben, berichten häufig, dass sie das Leben als solches ganz neu und intensiver erleben, sich an kleinen Dingen freuen, von den ärgerlichen Widrigkeiten nicht mehr belagert werden – jedenfalls eine Zeit lang. Verglichen mit der Megasensation, am Leben zu sein, nehmen sich die Sorgen von vormals plötzlich läppisch aus. In den letzten Jahren ist viel zum »posttraumatischen Wachstum« geforscht worden. Im günstigen Fall kommen Menschen, die ein seelisches Trauma erlitten haben, reifer und weiser wieder heraus, als sie hineingegangen sind. Die Wertschätzung des Lebens nimmt zu, die Qualität zwischenmenschlicher Beziehungen, das Bewusstsein der eigenen Verletzlichkeit, aber auch der Ressourcen, damit umzugehen, und letztlich auch eine Vitalisierung der spirituellen Dimension. – Wäre es nicht möglich, so frage ich mich und dich, einen solchen Modus vivendi auch ohne schwere Krankheit und ohne seelisches Trauma zu erlangen? Kann der Teil in mir, der dies für erstrebenswert hält, nachhaltigen Einfluss nehmen auf die anderen Teile, die lebenserprobt und diensteifrig auf der Bühne des Bewusstseins ihre angestammten Hauptrollen spielen wollen? Seit einiger Zeit ist mein »Augenblicks-Zauberer« mit von der Partie – zuweilen kann ich ihn herbeirufen. Er ist neu und wird nicht gleich zum Spielführer werden, aber hier und da ist er am Ball. Das meine ich mit »kleiner Erleuchtung«.

Übrigens ist mit der Empfehlung, sich für den Zauber des Augenblicks um seiner selbst willen aufzuschließen, nicht das Plädoyer verbunden, nur noch im »Hier und Jetzt« zu leben. Angeblich sei dieses Hier und Jetzt das einzig Wirkliche im Leben – weil ja die Vergangenheit schon vorüber ist und die Zukunft, unsicher, ob sie für mich überhaupt sein wird, noch nicht eingetreten. Gegen diese Auffassung möchte ich die Erinnerung an das gelebte Leben (»die vollen Scheunen« …) als ein überaus schätzenswertes Humanum hervorheben, ebenfalls die Ausrichtung der Gegenwart auf eine noch gestaltbare Zukunft, in der vielleicht mancher Traum verwirklicht und manches Unheil abgewendet werden kann. »Lebe jeden Tag so, als wäre er dein letzter!« – um Himmels willen, nein! Mein gegenwärtiges Leben ist immer auch perspektivisch, ist immer auch eine Vorstufe, um zur nächsten Stufe zu gelangen. Ich weiß nicht, ob ich über diesem Manuskript hocken würde, wenn dies mein letzter Tag wäre. Und doch bin ich froh, manches Buch geschrieben zu haben. Aber der gelebte Augenblick im Hier und Jetzt soll mit gleichem Rang wie Vergangenheit und Zukunft bewusst erlebt und gewürdigt, nicht bloß instrumentalisiert werden für das jeweils zu Erreichende. Wenn Mariana Leky geistreich und witzig »von der unbedingten Anwesenheitspflicht im eigenen Leben« spricht, dann ist dies vermutlich gemeint.[4]

Die Sollwert-Schraube und die Würdigung dessen, was ist

Das war der eine mentale Mechanismus, der in uns waltet und der eine Erfüllung vom Typus Delta erschwert: die Entwertung des gelebten Augenblicks, indem dieser als bloßes Mittel für den eigentlich zu erreichenden Zweck definiert und entwertet wird.

Dieser Mechanismus hat einen nahen Verwandten, mit ähnlicher Wirkung. Ich nenne ihn die *Sollwert-Schraube.* Damit ist gemeint, dass ich alles, was in meinem Leben »gegeben« ist, alles, was passiert, alles, was in mir, an mir und um mich herum geschieht – dass ich alles, was *ist,* sogleich kontrastiere mit dem, was sein *soll* oder sein sollte. Auf jeden Ist-Zustand wird, in einem geistigen Automatismus, ein Soll-Zustand draufgeschraubt:

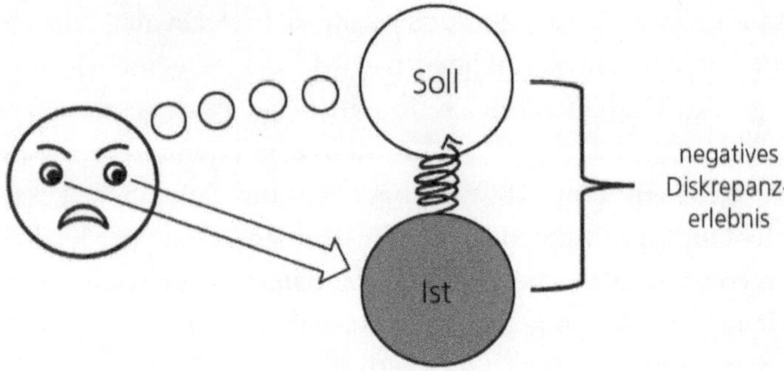

Abb. 18: Wahrgenommene Diskrepanz zwischen Ist und Soll

Banales Beispiel: Es hängt ein schönes Bild an der Wand, aber – zack! – es hängt ein wenig schief – es müsste rechts ein wenig höher gerückt werden! Hatte ich meinen Vater lange nicht gesehen und stand vor seiner Tür, dann wollte er mich gerade strahlend begrüßen, aber – zack! – fiel ihm erst einmal irgendein Kleckerfleck auf meinem Mantel auf oder ein Krümel neben meiner Lippe. Hallo? In meiner ganzen Pracht stehe ich vor ihm, nach langer Zeit, und er sieht erst einmal nur den Krümel!? – Dies ist keine Tragödie, und man kann es herrlich mit Humor nehmen. Aber wenn sich dieser Mechanismus allgegenwärtig in die Wahrnehmung und dann in die Beziehungen schleicht, können sich daraus Tragödien entwickeln. Eine Referendarin hielt eine Probestunde ab, im Beisein des Prüfers. Es ging lebendig zu im Unterricht, engagierte Dialoge, themenzentrierte Interaktion mit berührenden Momenten – der Prüfer wies ihr als Erstes zwei Fehler im Tafelbild nach. Man möchte ihm zurufen: »Gesamtwürdigung vor Detailkritik! Sowohl zeitlich als auch von der Gewichtung her!« Tja, aber in der Didaktik des Tafelbildes kannte er sich aus, darüber hatte er seine Magisterarbeit geschrieben, dafür hatte er ein Auge. – Als Eltern sind wir ebenfalls nicht davor gefeit, Soll-Vorstellungen darüber im Kopf zu haben, wie unser Kind idealerweise sein sollte, zum Beispiel artig, lebensfroh, fleißig, ehrgeizig, hilfreich, empathisch, mitteilungswillig, gut integriert mit Freundinnen und Freunden, voller Interesse für die Welt, respektvoll gegenüber Erwachsenen, strebsam, leistungsfähig, intelligent, ehrlich, frohgemut, engagiert und selbstständig, nicht ständig aufmerksamkeitsheischend, dafür mit viel Freude an frischer Luft und Bewegung. Abweichungen von diesen Sollwerten, die in unserem Kopf existieren, erfüllen uns mit Sorge und erwecken in uns den Wunsch, korrigierend einzugreifen. Das kann missionarisch, geringschätzend und sogar demütigend werden, früher hielt man auch eine Tracht Prügel für pädagogisch wertvoll. Aber dann erkennen wir als Eltern irgendwann: Unsere Kinder sind nicht auf die Welt gekommen, um so zu sein, wie wir sie haben wollen! Eine Mutter in der Beratung war über sich selbst erschrocken: Ihr Sorgenkind hatte bereits nach der Geburt die falsche Nase gehabt, nicht die Nasenform, die sie erwartet und erhofft hatte.

Dies ist eine erstaunliche Fähigkeit und Eigenart des Menschen: dass er zeitgleich mit dem Wahrgenommenen auch die Abweichung vom Soll entdeckt. Diese Diskrepanzwahrnehmung ist ein Segen und ein Fluch. Ein Segen insofern, als sie uns befähigt und motiviert, Fehler zu korrigieren, aus dem Vorhandenen etwas Mögliches und Wünschenswertes zu machen, die Welt und das Leben als etwas aufzufassen, was nach Gestaltung verlangt. Wäre der Mensch nur in der Lage, den Vollmond ehrfürchtig und ergriffen anzustaunen, hätte er nie auf ihm landen können. Und auch im Umgang mit unseren Kindern wäre es keine gute Empfehlung, alles, was sie tun und lassen, begeistert oder ergeben willkommen zu heißen. Erziehung braucht auch Führung und Konfrontation, auch partnerschaftliche Auseinandersetzung mit dem Ziel eines guten Miteinanders. Wir befinden uns hier in einem existenziellen Dilemma. Beide Extrempositionen wären verkehrt: die Erzieherin als Gärtnerin, die die Pflanze nach ihrer eigenen Gesetzlichkeit aufblühen lässt und bloß für Wasser und Sonnenlicht sorgt – und der Erzieher als Bildhauer, der das Kunstwerk nach eigenen Vorstellungen formt. Die wahre Kunst besteht darin, beide Haltungen in stimmiger Koexistenz zusammenzuführen, zusammenzuleben – und dies nicht nur in der Erziehung von Kindern, sondern überhaupt in unserem Verhältnis zur Welt.

Die Veränderungsenergie von Ist nach Soll kann überaus sinnvoll und dienlich sein für eine Lebenserfüllung vom Typus Beta. Allerdings: Jede Disposition, die sich als gut und erfolgreich erwiesen hat, kann ins Extrem kippen: des Guten zu viel! Und dann wird sie zum Hindernis für eine Lebenserfüllung vom Typus Delta, die davon lebt, das Dasein als solches wertzuschätzen, als etwas Gegebenes – und nicht als etwas, was anders sein sollte. Wenn ich ständig die Diskrepanz von Ist und Soll vor Augen habe, dann generiert dies ein defizit-orientiertes Lebensgefühl. Wie soll ich das schöne Bild genießen, wenn mir vor allem auffällt, dass es schief hängt? Okkupiert vom Defizitären, bin ich außerstande, das, was ist, als etwas Wertvolles oder Interessantes zu empfinden. Das kann ich nur, wenn ich es zu würdigen weiß (Abb. 19).

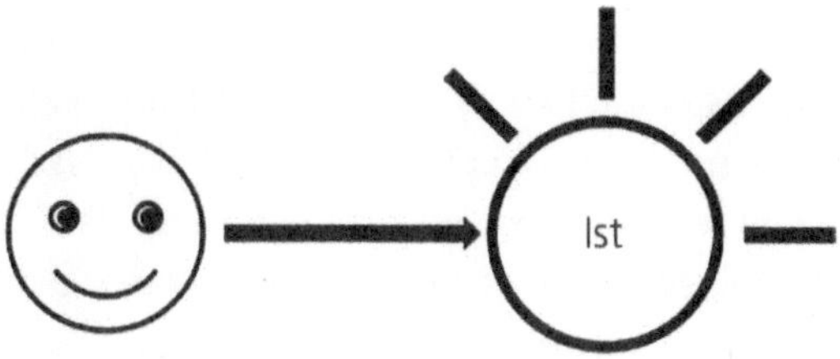

Abb. 19: Die Kunst, den Ist-Zustand zu würdigen

Ich weiß nicht, ob das ein allgemeines Gesetz ist oder nur bei mir so war: Meine Entwicklung vollzog sich in drei Stufen:

1. Ergebenheit: alles so hinnehmen, wie es ist und wie es kommt (»Isso«: Das ist eben so!)
2. Kritikfähigkeit: was daran zu bemängeln und zu verändern ist
3. Würdigung: die positive Qualität in dem entdecken, was mir begegnet

Was die dritte Stufe angeht, war ich ein Spätentwickler. Sie scheint mir eine menschliche Reifestufe zu sein und für eine Lebenserfüllung vom Typus Delta konstitutiv. Dies gilt auch und vor allem im Umgang mit Mitmenschen. Wenn ich eine Exzellenzschablone im Kopf habe, welche die Sollwerte definiert, dann sehe ich die defizitären Abweichungen. Und natürlich ist ehrliche Kritik zuweilen ein wahrer Segen. Aber bin ich auch fähig, das Vorhandene in seinen wertvollen Teilen auszumachen? Habe ich Argusaugen für die positiven Qualitäten, die *auch* zu entdecken sind? Kann ich würdigen, was diesen Menschen ausmacht, was er leistet und worum er sich bemüht? Im Unterschied zum Lob setzt eine Würdigung voraus, dass ich die beachtlichen Qualitäten nicht nur wahrnehme, sondern auch mit liebevoller Gründlichkeit herausarbeite und sodann auf den Punkt bringe. Angenommen, dein Kind hat ein Bild gemalt und zeigt es dir stolz. Wenn du es dafür loben willst, sagst du vielleicht: »Super, das hast du ja toll gemacht!« Wenn du aber in den Modus der Würdigung gehst, beginnt es vielleicht so: »Zwei Sachen an diesem Bild gefallen mir besonders, und etwas Drittes finde ich daran interessant: ...!« – Jetzt haben wir das zweite innere Teammitglied zu fassen gekriegt, das für ein erfülltes Leben vom Typus Delta unbedingt gebraucht wird: den *Bruder* oder die *Schwester Würdigung*! Auch eine kritische Würdigung, die nicht bloß lobhudelt, sondern auch an manchen Stellen nachdenklich etwas infrage stellt, ist im Bereich des Zwischenmenschlichen ein ungeahntes Zaubermittel. Die oder der Angesprochene spürt sofort: Da hat mich jemand wirklich gesehen, hat sich mit dem, was mich umtreibt, was ich tue und leiste, wirklich auseinandergesetzt.

Wertequadrat: Schule der Würdigung

Wenn wir ein neues Teammitglied in uns aufbauen wollen, das bisher gefehlt hat oder nur »schwach auf der Brust« war, dann gelingt dies nicht mit gutem Willen allein. Der oder die Neue muss auch üben und sich ein Repertoire aneignen. Eine schöne Schule der Würdigung ist dem Modell des Werte- und Entwicklungsquadrates immanent. Nehmen Sie als Beispiel von Seite 34 die beklagenswerte Eigenschaft des *Geizes*! (links unten) Der Geiz wird hier erkannt als »des Guten zu viel« von etwas, was unbedingt gewürdigt werden kann: des Guten zu viel von der *Sparsamkeit*. Der Geizhals ist sparsam (wenn auch leider des Guten zu viel, das soll gar nicht verschwiegen werden), und gleichzeitig ist er erfreulich davor gefeit, der Untugend auf der Gegenseite zu verfallen: der *Verschwendung*.

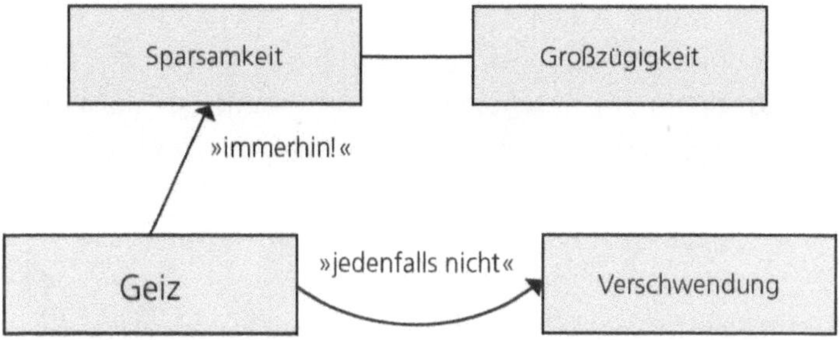

Abb. 20: Zwei mentale Bewegungen im Wertequadrat, die eine würdigende Sichtweise eröffnen

Die Würdigung entsteht hier aus der mentalen Doppelbewegung, nach links oben und nach rechts unten. Ein paar Übungen in diesem Sinn und Geist gefällig? Wenn Sie mögen, liebe Leserin, lieber Leser, können Sie jeweils nach dem ersten Satz die Augen schließen und überlegen, welches Wertequadrat Ihnen hier passend erscheint und welche positive Qualität Sie links oben und welche negative Qualität Sie rechts unten eintragen würden:

- Jemand ist »faul wie die Sünde«. Immerhin kann man würdigen, dass er selbstfürsorglich seine Ressourcen schont (links oben) und dass er jedenfalls nicht in Gefahr ist, sich übermäßig zu verausgaben und als Workaholic zu enden (rechts unten).
- Jemand ist ein »wortkarger Muffel«. Immerhin beherrscht er die Tugend, sich zurückzuhalten (links oben), und man muss jedenfalls nicht damit rechnen, dass er einen permanent volllabert (rechts unten).
- Jemand ist bekannt für seine beißende und verletzende Kritik. Immerhin ist das jemand, der die ehrliche Konfrontation nicht scheut (links oben), und jedenfalls ist er alles andere als »schleimig« (rechts unten).
- Eine Schülerin, ein Schüler ist aufmüpfig. Immerhin ist da ein starker Eigensinn erkennbar (links oben), und sie/er ist alles andere als eine angepasste graue Maus (rechts unten).

Wer die Brille in Abbildung 21 auf der Nase hat, lebt in einer positiveren Welt, und indem er sich entsprechend verhält, kann er sie noch positiver machen. Diese Brille ist in der Lage, die Pädagogik, die Menschenführung, die Partnerschaft zu revolutionieren.

Abb. 21: Wertequadrat-Brille mit Würdigungsgläsern

Was die Würdigungsfähigkeit angeht, bin ich wie gesagt ein Spätentwickler. Bei meinem Vater gelang sie mir gerade noch rechtzeitig. An seinem letzten Geburtstag vor seinem Tod habe ich ihn in seiner Anwaltspraxis aufgesucht, ihm gratuliert und ein Gedicht im verschlossenen Umschlag überreicht, das er dann später zu Hause lesen konnte. So schien es mir möglich und stimmig angesichts der Distanz unserer Beziehung, was innere Angelegenheiten betraf. Die letzten beiden Strophen des Gedichtes mit der Überschrift »Fern und nah« lauteten:

Von ferne hast du mich gehalten,
der Nahkontakt war nie dein Fall,
so konnte ich mich doch entfalten
beschützt daheim und überall.

Und solltest du einst von uns gehen,
und wenn die Zeit verrinnt,
dann magst du aus der Ferne sehen,
wie wir dir nahe sind.

»Wie *ich* dir nahe bin« wäre noch korrekter gewesen, aber dann hätte es sich nicht gereimt …

Bruder/Schwester Würdigung im Weltverhältnis

Wir haben die Brille aus Abbildung 21 bisher für den Umgang mit Menschen benutzt. Kann ich sie auch für die Würdigung unserer Demokratie und unseres Rechtsstaates, des Leitgedankens der sozialen Marktwirtschaft gebrauchen? Oder sehe ich nur die teure Aufblähung des Parlamentes, den empörenden Lobbyismus, das klägliche Versagen in der Klimapolitik, das Desaster der Gesundheitspolitik, die den Gott der Profitabilität in die Krankenhäuser und Pflegeeinrichtungen geholt hat? Alles wahr, alles kritik- und verbesserungswürdig – und das Engagement dafür ist Erfüllung im Sinne von Beta. Aber zu sehen, welche humane Errungenschaft ein legitimiertes Parlament darstellt, zu erkennen, dass eine gelingende Kooperation von Wirtschaft und Politik auf Augenhöhe kein leichtes Kunststück ist, anzuerkennen, dass ökologisches Bewusstsein hierzulande, auch dank der aufgewachten jungen Generation, enorm geschärft ist und die Bewahrung des Planeten als einen wirtlichen Ort für Mensch, Tier und Pflanze als Herkulesaufgabe immerhin allmählich ernst genommen wird – all das gehört zur Würdigung dessen, was ist. Und unser Gesundheitssystem kann man mit Fug und Recht als skandalös hinstellen. Man kann aber auch mit großer Dankbarkeit konstatieren, was es leistet und welchen Segen es für viele Menschen erbringt. Die Pharmaindustrie? Ist doch nur auf Profit aus, oder? Ja, das ist sie, aber das »nur« ist falsch. Wie dankbar bin ich bei einer beginnenden Gürtelrose, wenn ein Medikament die Schmerzen erträglich macht, die Krankheit schließlich heilt und in seinen Nebenwirkungen seriös erforscht ist. Das hätte auch böse ausgehen können! In Dagmar Kumbiers Buch über das Innere Team bei Krebserkrankungen[5] steht auf der Seite der Danksagungen: »… Unser Gesundheitswesen, das mein Leben für wertvoll hielt und es mir ermöglicht hat, krank zu sein und gesund zu werden.«

Ich war überrascht, als ich diese Zeilen las. Und dann war ich überrascht, dass ich überrascht war! Ist doch eigentlich eine, jedenfalls meine vielfältige Erfahrung, dass es sich lohnt, zur Ärztin zu gehen, wenn ich ein gesundheitliches Problem habe, dass ich freundlichen Rat in der Apotheke bekomme, dass die benötigten Medikamente tatsächlich (meistens) vorrätig sind … – Ich habe im Krankenhaus erlebt, dass der Arzt mein Bett im Laufschritt durch den Flur gefahren hat, da es nach einem Schlaganfall auf jede Minute ankommt. Und doch hört und liest man selten, dass dieses unser Gesundheitssystem dankbar gewürdigt wird. Eher hört man von langen Wartezeiten, unfreundlichen, unsensiblen Abfertigungen, von gewinngierigen Pharma-Unternehmen, von mangelnder Hygiene. Dieser kritische Blick ist ohne Zweifel wichtig – und ich muss nicht erwähnen, dass es Dinge gibt, die eine würdigende Perspektive unmöglich machen und die eine empörte und kraftvolle Gegenreaktion herausfordern. Wenn der kritische Blick aber die Würdigung generell und notorisch erschlägt, dann vergiftet er die öffentlichen Debatten und vermasselt unser Leben. Vielleicht haben wir ja deswegen zwei Augen: eines für den würdigenden und eines für den kritischen Blick!

Ich sprach davon, dass Menschen nach überstandener schwerer Krankheit zuweilen das Leben, wie neu geboren, auf eine intensivere Weise schätzen und genießen, weniger besetzt von banalen Ärgernissen und Ängsten, mit Freude an den kleinen Dingen und mit mehr Gefühl für das Wesentliche. Ich vermute, dass ihr erlebtes neues Sein kontrastiert wird mit der überstandenen Qual des Erlittenen und Befürchteten: keine Sollwert-Schraube nach oben, sondern eine Vergleichsschraube nach unten:

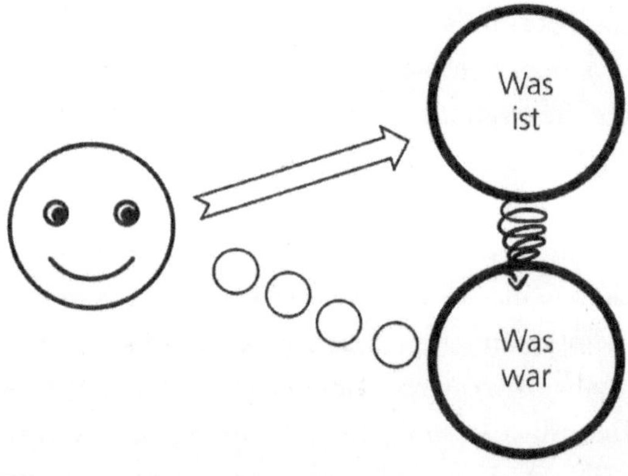

Abb. 22: Statt Sollwert-Schraube nach oben hier eine Vergleichsschraube nach unten

Bei dieser »Kontrastierung nach unten« erscheint der erlebte Ist-Zustand plötzlich in einem anderen Licht, erhält er einen erfreulichen Akzent. So gesehen kann man seines Lebens froh werden! Vielleicht können wir diesen mentalen Prozess – die Kontrastierung des Seins mit dem Gewesenen, mit dem Erlittenen – auch ohne schwere Krankheit einüben und verwirklichen? Vielleicht auch die Kontrastierung mit dem, was andere Menschen in der Gegenwart und in der Vergangenheit erleiden müssen und erlitten haben? Gewiss, ich weiß ja, dass ich es vergleichsweise gut habe, dass ich in der Gunst eines überaus gnädigen Schicksals mein Leben verbringen durfte und darf. Allein schon mal, dass seit 75 Jahren auf meine Heimatstadt Hamburg keine Bomben mehr gefallen sind (wie im ersten Lebensjahr fast jede Nacht)! Da fängt es doch schon an, dass Bruder Jubilate-Kantate zum Spielführer der Seele gehören sollte, jeden Morgen aufs Neue! Gewiss, ich weiß es ja – aber wissen es auch die, die meine Alltagsseele bevölkern und das Machen und Tun, das Sorgen und Bedenken, das Erreichen und Verhindern im Hochbetrieb organisieren? Nein, die wissen davon nichts, die haben andere Dinge um die Ohren. Sie sind ja ebenfalls wichtig und haben sich manchen Orden verdient, keine Frage. Aber aufgepasst, dass sie Bruder Jubilate-Kantate nicht im Keime ersticken und mein Lebensgefühl hegemonial dominieren! Jedenfalls wenn ich eine Lebenserfüllung vom Typus Delta herbeisehne, ist dieser Bruder unbedingt zu wecken, zu stärken, zu kultivieren.

Fassen wir zusammen: Die »kleine Erleuchtung« im Felde Delta wird gefördert durch das Innewerden des großen Mysteriums unseres Daseins, durch das Bewusstsein unserer Geschöpflichkeit, durch Ehrfurcht und Demut dem Leben und dem Schicksal gegenüber, durch Aufgeschlossenheit für den Zauber des Augenblicks, der um seiner selbst willen erlebt werden kann (»Schalter umlegen!«), und durch eine Würdigungsbrille, mit der wir in die Welt schauen. Vielleicht gelingt es dir, mit dieser Brille auch auf dich selbst und auf dein Leben zu schauen. Die Evolution hat Milliarden von Jahren gebraucht und genutzt, um dich in deiner ganzen Einmaligkeit hervorzubringen. Und, wie gesagt und wissenschaftlich belegt: Du bist ein Geschenk des Himmels!

7 ERFÜLLUNG VOM TYPUS OMEGA: SELBSTERFÜLLUNG

Es ist dein Auftrag hier auf Erden,
ganz und gar du selbst zu werden!

Im vorigen Kapitel war das Allgemeine zu betonen, an dem dein Menschenleben teilhat. Jetzt in diesem letzten Kapitel geht es wieder speziell um dich! Es geht um deine Einmaligkeit und um die Verheißung und die Aufgabe, die darin steckt: das zum Leben zu bringen, was dich zutiefst ausmacht, und das aus dir zu machen, was potenziell in dir steckt. Es geht um dein Wesen und um dein Potenzial. Ein erfülltes Leben vom Typus Omega wird dir in dem Maße zuteil, wie es dir gelingt, ganz du selbst zu werden und ein Leben zu führen, wie es dir entspricht. »Unsere Individualität zu leben ist eine Herausforderung, die uns ein Leben lang auf Trab hält«, sagt Remo H. Largo in seinem Buch »Das passende Leben«.[1]

Wir sind im letzten Kapitel angekommen, und da stehst du im inneren Mittelpunkt der Felder Alpha, Beta, Gamma und Delta. Denn was sich in diesen vier Feldern der Lebenserfüllung abspielt, hat viel damit zu tun, was du für ein Mensch bist: welche Sehnsüchte und Träume, welche Wünsche du an dein Leben hast (Alpha); zu welchem Sinnbeitrag du talentiert und motiviert bist, was du als deine Berufung empfindest (Beta); welche Lebensbahn du einschlägst und was dir dabei schicksalsmäßig widerfährt – denn dein Charakter ist dein Schicksal, wenn auch nur zum Teil (Gamma); und wie du dein Dasein auf dieser Welt erlebst und welchen Reim du dir auf die Fragen machst: Woher komme ich, was soll ich hier, welche Bedeutung hat es, am Leben zu sein (Delta)?

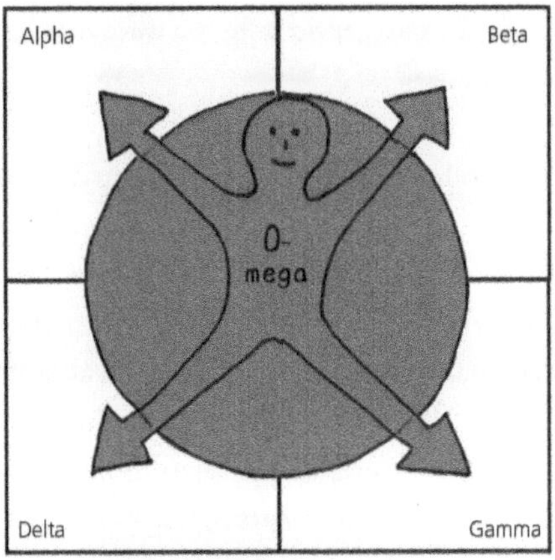

Abb. 23: Das Selbst definiert seine Felder

All das Geschehen in diesen Feldern kann in Übereinstimmung mit dem sein, was dich ausmacht – oder auch nicht! Man kann auch »neben die Spur geraten« und sich selbst verfehlen.

Für mich bedeutete diese Einsicht unter dem Einfluss der Humanistischen Psychologie (Charlotte Bühler, Carl Rogers, Abraham Maslow, Ruth Cohn, Alfred Adler) eine kopernikanische Wende meiner Kommunikationspsychologie. Bis dahin hatten wir unseren Kursteilnehmern ein vermeintlich ideales Verhalten beigebracht und in Rollenspielen eintrainiert: allzeit Wertschätzung signalisieren, nicht bevormunden, aktiv zuhören und nur per Ich-Botschaft kritisieren und so weiter – gedacht und angepriesen als Ideal für jedermann und jedefrau. Das war gut gemeint, enthielt aber die Gefahr, dass die Kommunikation schablonenhaft, konzeptgemäß und nur wirkungsbedacht wurde – im Extrem eine Fassade der sozialen Erwünschtheit hervorbrachte. Ich habe später sogar vom »Elend der Geschulten« gesprochen. Nun kam die Humanistische Psychologie mit dem Paukenschlag: *»Sei du selbst – und werde, der du bist!«* Plötzlich war allerorten von »Authentizität« die Rede, während meiner ganzen Schulzeit hatte ich nicht ein einziges Mal davon gehört (nur meine Mutter hatte einmal über eine Bekannte gesagt: »Die ist nicht echt!«). Dieses neue Wort, dieses neue Ideal für den kommunikativen Menschen war zwar schwer auszusprechen (Au-then-ti-zi-tät!), aber der Begriff hatte es in sich. Plötzlich sah ich mich selber mit anderen Augen: War es nicht meine Art gewesen, Sprüche von mir zu geben, die sich irgendwie gut machten und halbwegs gut ankamen – die jedoch wenig zu tun hatten mit dem, was wirklich in mir vorging? Und was ging denn wirklich in mir vor? Keine Ahnung, ging auch niemanden etwas an. Und wenn es mir gelungen wäre, da heranzukommen, dann hätte ich befürchten müssen, dass es sich nicht mehr so »gut machte« – und dass es auch nicht unbedingt zu der Idealvorstellung passen würde, der ich gerne entsprechen wollte: allzeit souverän, selbstgewiss, sachlich, cool und unkränkbar.

Authentizität

Heutzutage steht die Authentizität als viel beschworene menschliche Premium-Qualität hoch im Kurs. Sie wird auch von Politiker*innen und Wirtschaftsbossen erwartet, gerade auch von den Männern unter ihnen. Es lohnt eine Definition des Begriffes. Soweit ich sehe, kann sich Authentizität auf zwei Ebenen verwirklichen.

Erste Ebene: *die Übereinstimmung von äußerem Gebaren und innerem Zumutesein.* Nicht gute Miene zum bösen Spiel machen, mich nicht robust geben, wenn ich mich empfindlich berührt fühle, nicht versuchen, Sicherheit auszustrahlen, wenn ich zutiefst ratlos bin, keine Charmeoffensive, wenn ich innere Vorbehalte habe. Diese erste Ebene ist situativ und betrifft die Wahrhaftigkeit im zwischenmenschlichen Kontakt.

Auf der zweiten Ebene möchte ich, im Unterschied zur kommunikativen Authentizität von *existenzieller Authentizität* sprechen: Hier verwirklicht sich *die Übereinstimmung von innerer Werteausrichtung und realem Verhalten, von Haltung und Handlung.* Also keine markigen Sprüche und nichts dahinter. Nicht Wasser predigen und Wein trinken. Keine soziale Zuckerwatten-Rhetorik und hinten herum intrigante Niederträchtigkeit. Hütet euch vor den Geschulten und Trainierten, die nach dem Einnehmen von Kreide mit heller, angenehmer Stimme zu euch sprechen, aber inwendig doch Wölfe geblieben sind! Authentizität auf dieser Ebene erweist sich dort, wo *mein Reden durch mein Sein beglaubigt wird.*

Die Authentizität der ersten Ebene ist in unserer Hamburger Kommunikationspsychologie nicht der oberste Leitstern geblieben. Bevor ich den Grund dafür ausführe, möchte ich doch zunächst das Hohelied darauf singen: Was ist das für ein Segen, wenn ich mich unverstellt geben kann, wenn ich mich so äußern kann, wie mir ums Herz ist, wenn ich mich zu sagen traue, was ich wirklich denke! Wenn ich keine Lächelgrimasse ziehen muss, wenn mir zum Heulen ist. Dann bin ich in meiner eigenen Haut zu Hause – was für eine Befreiung! War ich bisher krampfhaft bemüht, die Wirkungen meiner Worte zu kontrollieren und zu optimieren, immer darauf bedacht, das Gegenüber nicht unsanft zu berühren, bei niemandem Reaktionen zu erzeugen, die mir unbehaglich wären, so hieß es jetzt bei Ruth Cohn:

> *Wenn es schwierig wird im Kontakt, dann sag' einfach, was mit dir ist!*

Und nicht nur mir und meiner Seele tut das gut, sondern auch für tragende Beziehungen ist die Wahrhaftigkeit die Grundlage für das Vertrauen, mit dem alles steht und fällt. Einerseits! Andererseits braucht Authentizität auch Mut und Kompetenz. Mut insofern, als die pure Ehrlichkeit auch anstößig wirken kann, manche Harmonie gefährdet, die eher auf Höflichkeit und Diplomatie beruht. Mut insofern auch, als die Fassade von Fitness, gut drauf sein, allzeit liebenswürdig und gefällig, auf dem Warenmarkt der Persönlichkeiten die höchsten Ansprüche an das Produkt erfüllt. Authentizität ist ein Wagnis, besonders wenn jemand zu dem steht, was ihn in seiner Attraktivität und »Brauchbarkeit« herabsetzt – zum Beispiel das Leiden an etwas. Und Authentizität braucht Kompetenz, weil der gute Wille allein nicht reicht. »Sag einfach, was mit dir ist« – das Wort *einfach* trifft oft nicht zu. Ich muss ja auch fähig sein, fähig werden, das, was in mir vorgeht, aufzuspüren, das innere Kuddelmuddel zu sortieren, das Unliebsame, was da zutage tritt, unerschrocken zu akzeptieren, mindestens zu tolerieren. Zuweilen auch fähig werden, eine innere Leere auszuhalten: »Neulich bin ich in mich gegangen und habe dort niemanden angetroffen!«, spottet Oscar Wilde. Nicht selten erweist sich die Leere als Resultat eines inneren Konfliktes. Zwei innere Antagonisten, zwei Seelen in der Brust, beide noch nicht erkennbar und erst recht noch nicht spruchreif, legen sich gegenseitig lahm.

Mit dem Modell und den Methoden des *Inneren Teams* ist hier eine entscheidende Hilfe zur Selbstklärung in allen Lebenslagen gelungen. Es fördert die innere Kompetenz, die für authentisches Verhalten erforderlich ist. Wir lernen, die inneren Stimmen aufzuspüren, die sich zu einer Frage oder einem Lebensthema zu Wort melden. Meist sind es viele (innere Pluralität), und meist sind sie untereinander uneins, oft sogar vehement gegeneinander. Wir lernen, diesen Stimmen einen Namen zu geben und ihre Botschaft in Worte zu fassen. Wir lernen, aus der Not der Pluralität und der Uneinigkeit eine Tugend zu machen, indem wir unter der Leitung unseres »integralen Oberhauptes« eine Haltung erarbeiten, die authentischer ist, als wenn nur eine einzige Stimme da gewesen wäre oder allein das Sagen gehabt hätte. Schon der tief gehende und lebendige Kontakt zu deinen inneren Wortmeldern und das Innewerden der Dynamik, die sich zwischen ihnen abspielt, trägt zur Erfüllung vom Typus Omega bei. Denn du bist der Einzige auf der ganzen Welt, der zu dem inneren Menschen, der in dir wohnt, einen direkten Zugang hat – jedenfalls potenziell, wenn auch nicht immer aktuell.

Von der Authentizität zur Stimmigkeit

Nach diesem Lobgesang auf die Authentizität muss ich begründen, warum sie in der Entwicklung unserer Hamburger Kommunikationslehre nicht der oberste Leitstern geblieben ist. Nicht jede Situation im Leben fordert dazu heraus, sich unverfälscht zum Ausdruck zu bringen – schon gar nicht, den eigenen Seelenzustand zu offenbaren. Deine Kommunikation sei nicht nur in Übereinstimmung mit dir selbst, sondern soll auch dem gerecht werden, was die Situation dir abverlangt (vgl. S. 46 f.), einschließlich deiner Rolle darin. Hinzu kommt, dass Authentizität ohne Taktgefühl und ohne Sensibilität für das, was ich mit meiner Ehrlichkeit anrichte, gewiss nicht als Kommunikationsideal taugt – wie auch umgekehrt Takt und Sensibilität ohne Authentizität zu einer Diplomatenfassade verkommen – wieder ein Wertequadrat! Diese Gleichgewichtigkeit von Ausdruck und Wirkung, diese zweifache Übereinstimmung mit dir selbst *und* mit der »Wahrheit der Situation«

nenne ich *Stimmigkeit.* Deine Kommunikation ist gut, wenn sie stimmig ist, und stimmig ist sie, wenn sie authentisch und wirkungsbedacht, *wesensgemäß und situationsgerecht* zugleich ist. Sie sehen, die Authentizität ist im Konzept der Stimmigkeit »aufgehoben« (im doppelten Sinne dieses Wortes).[2]

Kommunikationsberatung und -training werden jetzt anspruchsvoller. Früher waren wir als »Trainer« behilflich, ein vermeintlich ideales Verhalten einzuüben. Solange es um Erweiterung des Repertoires geht (zum Beispiel aktiv zuhören), ist das auch sinnvoll. Wenn es aber um die Frage geht: Wie reagiere ich in dieser schwierigen Situation, *was* sage ich und *wie* sage ich es? – dann weiß ich als seriöser Berater die Antwort nicht. Aber ich weiß, mit dem Ideal der Stimmigkeit im Hinterkopf, wie wir vorgehen können, um die Antwort zu erarbeiten (vgl. die Vater-Sohn-Begegnung S. 106 ff.). Heuristik ist die Kunst der Wahrheitsfindung, nicht der Wahrheitsverkündung. Und zur Wahrheitsfindung gehört eine zweifache Untersuchung. Erstens die Situations- und Kontextanalyse: Was ist das für eine Situation für dich und für deine Rolle, welcher »Ruf« ist hier vernehmbar? Und zweitens dann das Erkunden der inneren Stimmen, wie beschrieben mithilfe des Inneren Teams: Wer meldet sich in dir – und wenn ja, wie viele? Und welche Botschaft geht von ihnen aus? Welchem Ruf wollen sie unbedingt nachkommen – und welchem keinesfalls? Denn die Lösung soll am Ende nicht nur situationsadäquat, sondern auch wesensgemäß sein, also deiner inneren Wahrheit entsprechen. Dieses Coaching mit doppelter Blickrichtung, die *den Menschen im System und das System im Menschen* (Helm Stierlin[3]) gleichzeitig vor Augen führt, ist die Methode der Wahl auf der Suche nach Lösungen im Sinn und Geist der Stimmigkeits-Philosophie. Und eine Schulung der Kommunikationsfähigkeit ohne Herzensbildung und ohne Systemdenken bleibt technisch und schablonenhaft.

Vom innewohnenden Wesen des Menschen

Aber das Vorgehen im Coaching soll hier nicht weiter unser Thema sein. Stattdessen unser Thema hier im Omega-Kapitel: Ist es richtig, vom »Wesen« eines Menschen zu sprechen? Bin ich nicht eher flexibel und anpassungsfähig, kann mich mal so und mal anders geben – je nachdem, was situativen Erfolg verspricht? Gilt es nicht geradezu als moderne Tugend, sich »völlig neu zu erfinden«? Oder gibt es in mir doch einen Wesenskern, der mir wie eine DNA eingeboren ist und mich lebenslang zutiefst prägt? Das Credo des Humanismus lautet: Das Humane ist dem Menschen nicht gegeben, sondern aufgegeben. Und die Humanistische Psychologie definiert diese Aufgabe so: »Grundaufgabe des Menschen ist es, Schritt für Schritt derjenige zu werden, der er im Grunde seines Herzens ist« (so die Formulierung von Wolfram Kurz in seiner »Philosophie für helfende Berufe«[4]). Und an anderer Stelle formuliert er es so: »Wie stelle ich mir ein gelingendes Leben vor, das meinem inneren Wesen entspricht und der Berufung, die ich an mich gerichtet spüre?«

Das »innere Wesen«? Dies spielt auch im Werk von Graf Dürckheim eine große Rolle. Ich hege eine kritische Sympathie für seine Unterscheidung von *Welt-Ich* und *Wesen* eines Menschen.[5] Das Welt-Ich definiert sich durch das, was ich *habe*, was ich *weiß* und was ich *kann* – mein überlebenstaugliches Profil, mithilfe dessen ich gut funktioniere und über die Runden komme. Ein stabiles Welt-Ich ist wichtig, denn es gewährleistet den Halt gebenden Rahmen, in dem sich mein Wesen erfüllen und entfalten kann. Dieses Wesen nun ist das, was mich »im Grunde meines Herzens« ausmacht und sich nach Verwirklichung sehnt. »Das Wesen ist die Weise, in der der unendliche Ursprung des Menschen in seiner ichbedingten Endlichkeit anwesend ist«, so Dürckheim. Ich würde lieber sagen: etwas, was mir vielleicht schon von Anfang an, aber wahrscheinlicher: was mir als Resultat meines Gewordenseins mehr und mehr innewohnt – als unverwechselbare Eigenart, als Verheißung, als Auftrag, als Bestimmung.

Die seelische Not unserer Zeit sieht Dürckheim nun darin, dass der Mensch durch Verabsolutierung und Überidentifizierung mit seinem Welt-Ich (was er hat, was er weiß, was er leistet und was er kann – und was von ihm, von ihr erwartet wird!) sein ihm innewohnendes Wesen übergeht, übertönt, seiner nicht hinreichend gewahr wird – und sich so von sich selbst entfernt. Das ist interessant: Kann frau oder man »sich selbst verfehlen«? Ich habe versucht, mir diesen Gedanken durch folgendes Bild zu veranschaulichen, siehe Abb. 24:

Abb. 24: Not der Zeit: der sich selbst verfehlende Mensch: Welt-Ich (quadratisch) und innewohnendes Wesen (rund)

Das tüchtige Welt-Ich schreitet zügig und zielstrebig voran, schneller, höher, weiter, und entfernt und entfremdet sich von seinem Wesen. Die Gefahr dabei ist, dass ich immer mehr angetrieben werde von dem, was »man« erreichen *sollte* und wie »man« leben *sollte* – und immer weniger beseelt bin von meinem inneren Zentrum. Ein erfülltes Leben vom Typus Omega wäre demnach dann gegeben, wenn ich, im ständigen Kontakt mit meinem inneren Selbst, meine Lebensführung nach diesem Kompass ausrichte. Der Literaturnobelpreisträger Imre Kertész schreibt in diesem Sinne: »Es ist leichter, sich welterlösenden Ideen hinzugeben, als sich für sein eigenes Leben verantwortlich zu zeigen. Jeder hat nur dieses eine Leben, warum ist es so wenig gebräuchlich, dieses unwiederholbare Leben nicht nach fremder, sondern nach eigener Regie zu leben? Was hindert uns daran, unsere eigene Wahrheit zu wählen?«[6]

Können Sie damit, liebe Leserin, lieber Leser, etwas anfangen? Ich finde es gar nicht leicht, eine solche Lehre auf das eigene Leben zu beziehen, sie dort zu bestätigen oder infrage zu stellen, zumal Werke zur lebenspraktischen Philosophie sich oft auf der abstrakten und begrifflichen Ebene bewegen, ohne Bezug zu konkreten Lebensbeispielen.

Ein Beispiel aus meinem eigenen Leben habe ich im Alpha-Kapitel (S.29 f.) erwähnt. Von Ratgebern verführt, hatte ich mich auf ein Steuersparmodell eingelassen, wollte auch mal ein fiskalisches Cleverle sein. Es ging darum, ein Darlehen aufzunehmen, eine Mietwohnung zu bauen und die Baukosten nach und nach größtenteils durch ersparte Einkommenssteuer zu finanzieren (»Bauherrenmodell«). Die Sache ging gründlich schief und hat meine Lebensenergie auf Jahre gebunden und mir viele schlaflose Nächte bereitet: ein Desaster von insolventen Baufirmen, steuerlichen Fehleinschätzungen, grundwasserunterspülten Neubauwohnungen, wahren Schlachten diverser Anwälte der Geschädigten, jahrzehntelanger Verschuldung. Nanu, was mache ich da? Wie verbringe ich, wie vergeude ich mein Leben?

Für jemanden, der für solche Projekte »eine Ader hat«, mag das ganz stimmig sein, besonders wenn dadurch sinnvoller Wohnungsbau gefördert wird. Mir jedoch war der Ausflug in diese Welt »nicht wesensgemäß«. Eigentlich lagen mir damals zwei Dinge am Herzen: nach der Scheidung meiner ersten Ehe eine Frau fürs Leben zu finden und, zweitens, die Erkenntnisse meiner Wissenschaft unter die Menschen zu bringen. Denn hier meinte ich mein Talent und meine Berufung gefunden zu haben. Ich hatte nämlich als frischgebackener Diplom-Psychologe Volkshochschulkurse für Eltern angeboten und dabei eine wichtige Erfahrung gemacht: Die Vermittlung wissenschaftlicher Theorien und Befunde an Praktikerinnen ist eine Kunst für sich! Es ist nicht damit getan, solche Befunde zu publizieren und zu referieren. Wenn ich den Eltern (überwiegend Müttern) zum Beispiel erklärte, es sei nach den Gesetzen der sozialen Lerntheorie ratsam, unerwünschtes Verhalten ungezogener Kinder zu ignorieren (ihm keine Aufmerksamkeit zu schenken) und stattdessen Ansätze erwünschten Verhaltens zu belohnen, dann erntete ich einen Sturm der Widerrede: »Sie kennen meinen Sohn nicht! Von wegen ignorieren! Sie kennen auch meinen Mann nicht, wenn Sie wüssten! Das ist Theorie von der Universität, die Praxis sieht anders aus! Haben Sie selbst Kinder?« Und dann gab es ein eifriges Hin und Her in der Gruppe, alle durcheinander, und ich kam kaum noch zu Wort – ich hätte auch nicht genau gewusst, was ich hätte sagen sollen … – Aber Jahre später war ich in »meine« Psychologie hineingewachsen, hatte mir mit dem Kommunikationsquadrat einen Zugang zum Zwischenmenschlichen geschaffen, mit dem ich mich wirklich identifizieren konnte, und hatte gute Methoden der Erwachsenenbildung erlernt. Hier war ich jetzt Fisch in meinem Wasser.

Und dieser Fisch war nun in der Wüste eines Bauherrenmodells gelandet. Ich hatte mich auf eine schiefe Bahn locken lassen – eine Bahn, die mich von dem, was mir ein stimmiges Lebensanliegen gewesen wäre, entfernt hat. Immerhin, wenn man das erkennt, kann es doch zu einer Bereicherung vom Typus Gamma werden, dem Feld rechts unten. Denn einmal richtig neben der Spur zu landen, kann auch ein Abenteuer und eine lehrreiche Erfahrung sein. Zwei wichtige Lehren konnte ich daraus für mich ziehen. Erstens, *keine fiskalische Lebensführung!* Also keine, die es darauf anlegt, legale Raffinessen zur Verringerung der Steuerabgaben zu suchen oder zu erfinden. Zumal es Sinn macht, Steuern zu zahlen, um für das Gemeinwesen, dem ich so viel verdanke, einen Beitrag zu leisten. Für die zweite Lehre muss ich vorwegschicken, dass ich erklärtermaßen mit »alldem« (Hausbau, Vermietung, Darlehen, Steuergestaltung …) nichts zu tun haben wollte. Und mir wurde versichert: Das sei ja gerade das Schöne an diesem Modell, dass ich – außer ein paar Unterschriften – überhaupt nicht mit der Sache befasst sein müsste – für mich würde sich alles nur auf dem Papier und auf dem Konto abspielen. Der Bau, die Vermietung, die steuerliche Abrechnung – alles würde mir abgenommen! Wie naiv muss man sein, um das zu glauben? Die Lehre jedenfalls, die mir später im Leben mehrmals geholfen hat: *Wenn du mit etwas, was dich betrifft, nichts zu tun haben willst und alles tust, um es zu delegieren und dir vom Halse zu halten, dann wird es dir irgendwann knüppeldick um die Ohren gehauen!*

Vielleicht gelingt es Ihnen, lieber Leser, liebe Leserin, ebenfalls leichter, sich an Beispiele aus Ihrem Leben zu erinnern, wo Sie sich *nicht* wesensgemäß verhalten haben – wo Sie in Gefahr waren, sich zu verfehlen? Schwieriger scheint es mir, die Frage nach dem eigenen Wesen *positiv* zu beantworten. Was macht dich denn »zutiefst« aus? Was will sich in dir »verwirklichen«? Nur einmal angenommen, es gäbe einen Schöpfer, dem es darauf ankam, ausgerechnet dich in die Welt zu setzen – was mag er sich speziell bei dir gedacht haben? Vielleicht mögen Sie sich diese Frage einmal selbst stellen, bevor Sie weiterlesen und meine drei eigenen Suchbewegungen nachvollziehen?

Auf der Suche nach dem eigenen Wesen

Wenn ich mir selber diese Frage vorlege, dann kommt mir als Erstes mein Vorname in den Sinn: Friedemann. Er war mir zeitlebens nicht ganz geheuer, da er langsilbig und altmodisch klang. »Ach, Friedemann Bach!«, riefen immer die Tanten und die Onkel, wenn ich ihre Frage »Und wie heißt du denn?«, beantwortet hatte. Offenbar hatte es in grauer Vorzeit mal jemanden gegeben, der auch so hieß. Aber auf diesen Namen wurde ich 1944 in Hamburg getauft, in der Zeit allnächtlicher Bombenangriffe. Da steckte also einige Hoffnung und Verheißung drin. Sollte diese Mitgift mein »Wesen« geprägt haben? Gewiss, ich bin überaus harmoniebedacht und konfliktscheu. Gewiss, meine Kommunikationslehre ist von der Idee beseelt, dass ein guter Dialog auch und gerade dann gelingen kann, wenn Menschen einander zu schaffen machen und Welten aufeinanderprallen. Und dass es menschenmöglich werden kann, Selbstbehauptung und Empathie zusammen zu verwirklichen. Dieser »Friedemann« musste lernen, dass die Harmonie erster Ordnung, bei der wir hoffentlich und vermeintlich alle ein Herz und eine Seele sind, für menschliche Beziehungen nicht trägt. Immer nur friedlich und höflich – das wird friedhöflich! Dass hingegen die *Harmonie höherer Ordnung* darin besteht, unterschiedliche Auffassungen willkommen zu heißen und den Dialog dort stattfinden zu lassen, wo die Wahrheit zu zweit beginnt. Und dass eine ehrliche Konfrontation zuweilen heilsamer sein kann als eine höfliche Zustimmung. Es gibt keinen guten Frieden ohne guten Streit. – Jedenfalls steckt dieser Friedemann in mir und meinem Werk erkennbar mit drin – in seinem Urwesen und in seiner Weiterentwicklung.

Ein anderer Anlass, über mein »Wesen« nachzudenken, war ein astrologisches Horoskop. Eine mir unbekannte Astrologin hatte mich vor Jahren angefragt, ob sie mein Horoskop ausrechnen dürfe. Der Wissenschaftler in mir hält natürlich Astrologie für Hokuspokus, aber manch anderer in mir war neugierig. Und wenn es nichts kostet, warum nicht? Über das Resultat war ich überaus verblüfft. Dem Sinne nach schrieb sie: In Ihrem Horoskop wird ein fundamentaler Gegensatz erkennbar. Auf der einen Seite sind Sie »Löwe« – nicht nur im Sternzeichen, sondern auch noch im Aszendenten – also gleichsam Löwe hoch zwei. Und Löwe steht für ein ausgeprägtes Sendungsbewusstsein, überaus tonangebend im Kontakt. Alle anderen Parameter hingegen (Mond ...) weisen auf eine ausgeprägte Introversion hin, auf den Wunsch, für sich und in sich gekehrt zu sein. Und sie stelle sich vor, dass es gar nicht so einfach sei, mit dieser starken Gegensatzspannung durchs Leben zu gehen.

Donnerwetter, ich war überaus verblüfft und fühlte mich in einer Wesensart getroffen, die mir zwar bekannt und doch bis dahin nicht so deutlich bewusst gewesen war. Tatsächlich, waren nicht der Hörsaal und das stille Kämmerlein immer wieder meine beiden Heimaträume gewesen, in denen ich aufblühte? Die Lebensaufgabe würde dann darin bestehen, beide Qualitäten in die Balance zu bringen und miteinander zu versöhnen, Sendungsbewusstsein und Abgeschiedenheit in einen Modus covivendi zu bringen, in einen Modus des fruchtbaren Zusammenlebens und Zusammenwirkens. Wie bei jedem Wertequadrat kann man auf der einen und auf der anderen Seite herunterfallen. Sendungsbewusstsein ohne In-sich-Gekehrtheit droht allzu flach und äußerlich zu werden, permanent auf Sendung, vielleicht noch mit missionarischer Aufdringlichkeit. Auf der anderen Seite: Introversion und Verinnerlichung ohne löwenhafte Kontaktstärke droht in eine weltflüchtige Abgeschiedenheit und Wirkungsarmut auszuarten. Beide Gefahren sind mir nicht unbekannt, im Wertequadrat abgebildet, siehe Abb. 25.

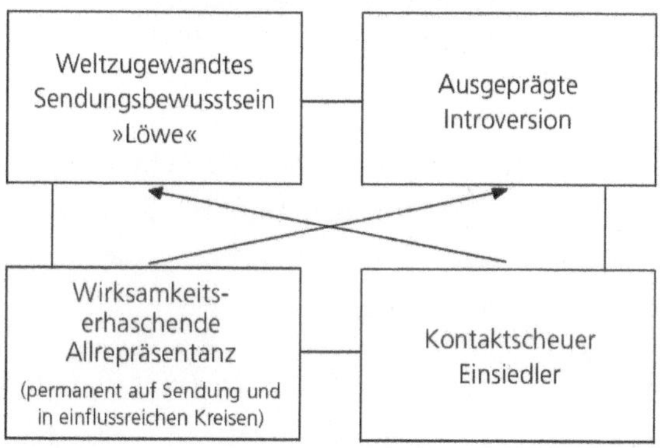

Abb. 25: Persönliches Wertequadrat: das charakterliche Spannungsfeld

Noch eine dritte Suchbewegung möchte ich erwähnen. Mir ist eine Eigenart aufgefallen, die ich bei mir sehr ausgeprägt vorfinde und wenig bei anderen Zeitgenossen. Ich bin nämlich zugleich ziemlich klug und ziemlich dumm – eine eigenartige Kombi. Zunächst ein guter Schüler, aber dann in der Mittelstufe des Gymnasiums kapierte ich das alles nicht mehr. Geometrie war mir ein Gräuel, Altgriechisch eine undurchdringliche Fremdsprache, Chemie ein eigenartiges Buch mit sieben Siegeln – da half auch kein Nachhilfeunterricht. Und als der Deutschlehrer ein Gedicht von Rilke vortrug, habe ich kein Wort verstanden – hä!? Ich bin dann noch mehrmals mit Ach und Krach gnadenversetzt worden, aber dann endlich durch Sitzenbleiben tief gefallen – und gleichzeitig halbwegs erlöst worden. Dieser Schulversager von damals wurde bereits mit 32 Jahren zum Professor berufen. Komisch, so ganz dumm und schwer von Kapee konnte ich doch nicht sein!? Noch heute verstehe ich die Texte mancher Autoren nicht, selbst wenn sie in der ZEIT für die Öffentlichkeit publizieren, selbst wenn sie über Dinge schreiben, die meinem Fachgebiet nahestehen. Wenn ich zum Beispiel lese:

> *Die Idee unversehrter Intersubjektivität darf nicht zur Totalität einer versöhnten Lebensform ausgemalt werden. Sie enthält nicht mehr, aber auch nicht weniger als die formale Charakterisierung notwendiger Bedingungen für nicht-antizipierte Formen eines nicht-verfehlten Lebens.*[7]

– dann sorgt der Dummi in mir dafür, dass ich sogleich verdrossen abschalte. In einer Mischung aus trotziger Respektlosigkeit und Resignation sagt er: »Och nee, das muss ich mir nicht antun!« Derselbe Dummi sorgt aber auch für mich als Hilfslehrer: Er bringt mich dazu, mir schwierige Inhalte durch kleine Zeichnungen zu erschließen. Ein Beispiel dafür war die Abbildung 24, S. 167. Wenn ich ein Bild vor Augen habe, kapiere ich alles besser. Ein anderes Beispiel: Wenn ich die Definition eines psychoanalytischen Begriffes, etwa *Projektion,* nicht nur auswendig lernen will, sondern wirklich begreifen will, was da passiert, dann braucht mein Dummi ein Bild. Hier zunächst die Definition (aus Wikipedia):

> *Projektion bezeichnet ... einen Abwehrmechanismus. Der Begriff umfasst das Übertragen und Verlagern innerpsychischer Inhalte oder eines innerpsychischen Konfliktes durch die Abbildung eigener Emotionen, Affekte, Wünsche, Impulse und Eigenschaften, die im Widerspruch zu eigenen und/oder gesellschaftlichen Normen stehen können, auf andere Personen, Menschengruppen, Lebewesen oder Objekte der Außenwelt. Die »Abwehr« besteht darin, dass durch Projektion vermieden wird, sich mit Inhalten bei sich selbst auseinanderzusetzen, die man beim anderen sieht.*

Dummi übersetzt: »Aha! Da ist etwas in mir, das mir unangenehm ist, weil ich so nicht sein möchte! Vielleicht spüre ich eine Eifersucht in mir aufkommen, finde aber, dass so ein Gefühl spießig und unsouverän ist – schließlich begründet eine Beziehung doch kein Besitzverhältnis! Dieses ›Etwas‹ will ich nicht haben, es darf in mir nicht laut werden, daher wird es weggesperrt wie in ein Gefängnis und so zum Verstummen gebracht. Es ist dann weg, aber doch nicht tot. Aus dem Untergrund sorgt es dafür, dass ich mit scharfen Detektiv-Augen in die Welt schaue und bei anderen Leuten genau das entdecke und entlarve, was ich mir selbst nicht zugestehe.« – Und dann will Dummi, dass ich dies in einem Bild veranschauliche, erst dann hat er es wirklich durchdrungen: Abb. 26.

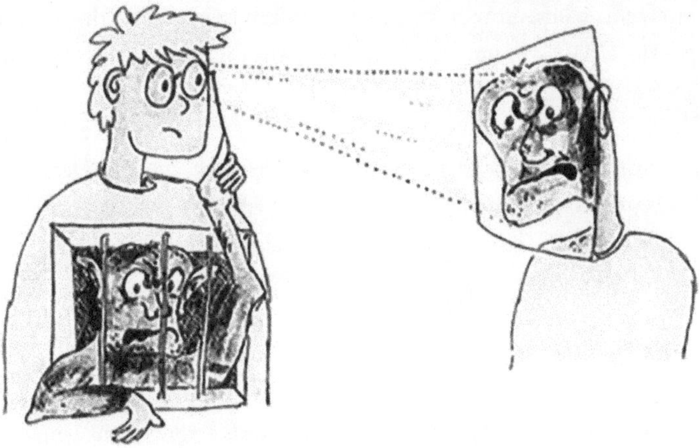

Abb. 26: Projektion: »Was ich an mir nicht leiden kann, das häng ich einem andern an!«

Als Ruth Cohn einmal sagte: »Wenn du deine Magenschmerzen im Gesicht des anderen entdeckst, dann ist das eine Projektion!« – da hatte Dummi endgültig verstanden.

Sollte das etwas sein, was mein »Wesen« ausmacht: diese innere Zusammenarbeit von Dummi und Klugi? Gleich mal ein Bild, siehe Abb. 27.

Abb. 27: Zusammenarbeit von »Dummi« und »Klugi« im Inneren Team

Dazu würde passen, dass ich über »Verständlichkeit« promoviert und (zusammen mit Inghard Langer und Reinhard Tausch) mein erstes Buch geschrieben habe – später auch ein Buch mit dem Titel »Mathematik verständlich erklären«. Dazu würde weiterhin passen, dass meine Tochter, als sie klein war, immer wieder forderte: »Erzähl noch mal 'ne Geschichte von Dummi und Klugi!« Diese Geschichten hatte ich erfunden, lange bevor ich mir Gedanken über mein »Wesen« gemacht hatte. Immer begann eine Geschichte damit, dass Dummi etwas falsch machte oder falsch dachte. Zum Beispiel: Einmal wacht Dummi morgens auf und will frühstücken, und er hat Appetit auf ein Ei. Er geht zum Kühlschrank – aber, oh Schreck und oh weh, da ist kein einziges Ei. Dummi versteht die Welt nicht mehr: Eier wachsen doch im Kühlschrank! Er will ihn gerade mit Wasser begießen, damit die Eier darin schneller wachsen würden – da klopft es an der Tür, und Klugi kommt zu Besuch. Dummi klagt ihm sein Leid: »Oh Klugi, mein lieber Freund, ich habe so große Lust auf ein Frühstücksei!« Nach längerem Hin und Her klärt Klugi ihn auf: Er müsse in einen Laden gehen und die Eier kaufen. Nein, im Laden wachsen sie auch nicht, sie werden dorthin geliefert. Von wem? Wo kommen sie her? Wo wächst ein Ei ursprünglich? Dummi staunt und fragt nach, kann es gar nicht fassen, dass Eier im Huhn entstehen (»Jetzt veräppelst du mich, Klugi, du Gauner! Ich bin ja nicht dumm, ich merke das sofort!«). Und so weiter und so weiter. – Dummi hat immer groteske Vorstellungen (zum Beispiel auch darüber, wie man sich eine Frau zum Heiraten sucht ...), sehr zum Vergnügen meiner Tochter, und Klugi erklärt ihm die Welt.

So viel zu Dummi und Klugi, die sich in mir ein Stelldichein geben und Kooperationspartner geworden sind. So viel zu der Suche nach meinem »Wesen«, das angeblich dem Menschen innewohne, eine Verwirklichungsabsicht in sich trage und zugleich Verheißung und Auftrag sei. Ich sagte zu Anfang, mich verbindet eine kritische Sympathie mit dieser Auffassung vom Menschen. Die Sympathie dürfte deutlich geworden sein – wo liegt der kritische Akzent?

Das Wesen: Ursprünglich angelegt oder etwas Gewordenes?

Ich habe Zweifel, inwieweit das Wesen eines Menschen ursprünglich und unveräußerlich in ihm angelegt ist, inwieweit dies bei seiner Zeugung schon als Entwurf vorbestimmt ist. Bei einer Knospe ist das so: Alles, was aus ihr werden wird, ist noch unsichtbar, aber bereits in ihr programmiert. Indem sie reift, verwirklicht sie, was in ihr angelegt und festgelegt ist, sofern die äußeren Gegebenheiten dies zulassen. Beim Menschen ist es zunächst genauso: Bei seiner Zeugung ist festgelegt und vorprogrammiert, dass aus dieser Zelle ein Mensch wird – kein Eichhörnchen, kein Elefant, keine Birke. Aber *was für ein* Mensch daraus wird, welche Wesensart ihn ausmachen wird – steckt dies auch schon drin? Ein wenig schon, manche Genkombinationen eröffnen Spielräume und Grenzen für manche Talente und manche Neigungen. Aber das, was wir später als das Wesen eines Menschen ansehen, scheint eher das Ergebnis einer einzigartigen Wechselwirkung zu sein. Einer Wechselwirkung zwischen dem, was er mitbringt, und dem, was ihm widerfährt und was ihm zum Schicksal wird. Ist das Wesen eines Willy Brandt zum Beispiel nicht auch und vor allem ein Resultat seiner persönlichen und politischen Geschichte? Und sind nicht bereits die frühkindlichen Erfahrungen wesensprägend?

Gewiss, jeder verarbeitet das, was ihm widerfährt und zustößt, auf seine Art und Weise. Das Leben stiftet den Nektar, und jeder macht daraus seinen ureigenen Honig. Es scheint mir das Eigentümliche des Menschen zu sein, dass er – und viel mehr als alle anderen Lebewesen – ein Wechselwirkungswesen ist: www.Mensch!

Rolle und Mensch

Dieses Wechselwirkungswesen ist in seiner Individualität nicht (nur) ein ursprünglich Gegebenes, sondern auch und vor allem ein Gewordenes. Herausragende Entwicklungshelfer und Wechselwirkungspartnerinnen für die Herausbildung meines Wesens sind die *Rollen*, die ich im Laufe meines Lebens einnehme. Damit meine ich berufliche, private und öffentliche Rollen gleichermaßen. Nichts befördert die Entwicklung eines Menschen mehr als eine Rolle! Jede Rolle gibt mir etwas und verlangt mir etwas ab. Zum Ersten, sie gibt Halt. Plötzlich bin ich zuständig für etwas, werde ich gebraucht, bin ich wer. Zum Zweiten, sie baut mir eine Brücke zur Mitwelt. Da gibt es Leute, die etwas von mir erwarten, denen gegenüber ich in der Pflicht stehe – und von denen ich meinerseits etwas erwarten darf. Dann aber, zum Dritten, *schenkt* sie mir nicht nur etwas (Ehre, Kontakt, Resonanz, Zuständigkeit, Identität), sondern sie *verlangt mir auch etwas ab*. Wenn ich der Rolle gerecht werden will, muss ich mich ihren Zumutungen und Herausforderungen stellen. Jede Rolle stellt Ansprüche an bestimmte Qualitäten ihrer Inhaberin, ihres Inhabers. Vielleicht sind in ihr

Qualitäten gefragt, über die ich gut und gerne verfüge – dann kann ich aufspielen, aufblühen, meine Meisterschaft einbringen und mein Selbstwertgefühl dabei stärken. Vielleicht sind aber auch Herausforderungen in ihr enthalten, die mir zu schaffen machen oder die mir zuwider sind. Es war mir eine große Ehre, als Elfjähriger zum Kapitän der Fußball-Klassenmannschaft gewählt zu werden. Ich war nun derjenige, der entschied, wer auf welchem Posten mitspielen durfte. Aber dann, auf einer Klassenreise, war ein Klassenspiel angesetzt, und der Lehrer forderte mich auf, hervorzutreten und die gegnerische Mannschaft mit einem dreifachen »Zicke-zacke, zicke-zacke, hoi, hoi, hoi!« zu begrüßen. Befremdet und schüchtern zugleich blieb ich stumm und rührte mich nicht von der Stelle. Ach du Schreck! Der Klassensprecher, es war der spätere Schauspieler Volker Lechtenbrink, rettete die peinliche Situation, indem er selbst hervortrat und den dreifachen zackigen Willkommensgruß ausrief. Ach so, *das* wurde von einem Mannschaftskapitän erwartet? Dazu war ich nicht geschaffen. Wenig später wurde ich vorzeitig abgewählt.

Was ich damals noch nicht wusste: *Jede* Rolle enthält solche bösen Überraschungen. Und immer wieder steht der Rolleninhaber vor der Entscheidung: Will ich die erwartete Qualität als Herausforderung begreifen, mich weiterentwickeln und sie nach und nach erobern? Oder ist mir diese Qualität so wesensfremd und widerwärtig, dass ich diese Rolle vermeide und besser eine andere anstrebe? Jemand wird endlich Führungskraft und ist entschlossen, die Meetings kraftvoll, agil und mit allen guten Techniken der Moderation zu leiten. Dann plötzlich aber soll sie oder er eine Abschiedsrede auf eine langjährige Mitarbeiterin halten – ach du liebes Lieschen! Könnte das vielleicht »urlaubsbedingt« jemand anderes übernehmen, die oder der die Sprache des Herzens beherrscht und den richtigen Ton für diese Situation findet? – Oder eine andere Führungskraft ist von Haus aus fähig und bestrebt, verständnisvoll und wertschätzend mit Mitarbeitern umzugehen – und sieht sich »plötzlich« mit sehr entgegengesetzten »Erwartungen« (Forderungen) von mehreren Seiten konfrontiert. In Ermangelung harter Bandagen versucht er oder sie es eine Weile mit der Methode »Allen wohl und niemand weh« und kommt nun erst recht in Teufels Küche.

Die letztgenannte böse Überraschung gilt wohl für jeden Rolleninhaber: dass sie oder er sich *Erwartungen ausgesetzt* sieht. So wurde »Rolle« von Soziologen definiert: Rolle ist die Summe aller Erwartungen, die an die Inhaberin einer Rolle geheftet werden. Aber diese Summe ist nicht bloß additiv (dies noch und das noch ...), sondern von konflikthafter Dynamik. Die einen Rollenpartner (zum Beispiel eigene Mitarbeiter) sagen Hü! und verlangen vielleicht Entlastung und zusätzliche Ressourcen, der andere Rollenpartner (zum Beispiel der eigene Chef) sagt Hott! und verlangt, dass ich meine Mitarbeiter motiviere, angesichts knapper Personaldecke mehr Leistung in kürzerer Zeit zu erbringen – und mit gutem Beispiel voranzugehen (»Sie sind doch belastbar!?«). Knallharte Anweisungen nach unten taugen allerdings nicht – die Personalabteilung erwartet bei Kontroversen einen »partnerschaftlichen und wertschätzenden Dialog auf Augenhöhe«. Ja, man kann es eben nicht allen recht machen – und wer es versucht, landet, siehe oben, in Teufels Küche. Wem aber soll ich es recht machen? Im Zweifel dem, der mehr Macht hat, sagen die einen. Aber darf das noch unser Ideal sein, »nach oben buckeln und nach unten treten«? Aber was wäre die Alternative? Die Antwort ist einfach und schwer zugleich. Ich brauche einen Kompass in mir selbst, der anzeigt, wohin es gehen soll. Wie will ich meine Rolle verstehen, um zum Gelingen des Ganzen beizutragen, von dem ich ein integraler Teil bin? Was halte ich aus diesem *Rollenverständnis* heraus für richtig, was hat im Zweifel höhere Priorität? Hier kommt nun die andere Richtung der Wechselwirkung ins Spiel: Wie ich die Rolle interpretiere und ausfülle, hängt nun von meiner Wesensart ab, von meiner Persönlichkeit und von dem, was mir wichtig und wertvoll ist im Leben. Die Rolle macht etwas aus mir, aber ich mache auch etwas aus der Rolle – und das ist gut so. Denn nur, wenn ich mich in ihr wiederfinde und in ihr verwirklichen kann, bin ich beseelt von der Aufgabe, die sie mir stellt. Erst dann passen Rolle und Mensch stimmig zusammen.[8] Wie sehr der Mensch die Rolle prägt, haben wir alle bei unseren Lehrerinnen und Lehrern erfahren: An alle war die gleiche Rollenerwartung gerichtet, und alle haben sie erfüllt – auf ihre Weise! Und wie enorm verschieden war diese Weise! Oder wenn Sie zu verschiedenen Ärztinnen und Ärzten gehen, merken Sie auch, wie stark die Wesensart in den Kontakt und die Art der Behandlung hineinwirkt. – Die fundamentale Wechselwirkung von Rolle und Mensch hier noch einmal in einem Schaubild, siehe Abb. 28.

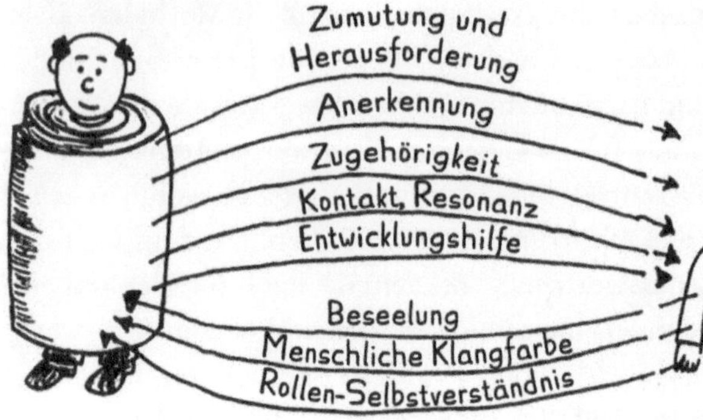

Abb. 28: Rolle und Mensch in Wechselwirkung

Was macht die Rolle mit mir, und was mache ich aus meiner Rolle? – Diese unausweichliche Frage wird in einem berühmten Roman am Beispiel eines Butlers behandelt: »Was vom Tage übrig blieb«.[9] Wie gut, dass es den Literaturnobelpreis gibt, sonst wäre ich wohl kaum auf Kazuo Ishiguro, einen in England lebenden japanischen Schriftsteller, aufmerksam geworden. Und ganz gewiss hätte ich mich nicht für das Dasein eines englischen Butlers in den Dreißigerjahren des letzten Jahrhunderts interessiert. Aber hier ist es ein besonderer, philosophisch begabter Butler. Er geht explizit und tief gehend der Frage nach, »was einen großen Butler ausmacht« – und kommt zu dem Ergebnis, dass es etwas *Wesentliches* gibt. Und dieses Wesentliche findet sich nicht in Äußerlichkeiten wie Eloquenz, Redegewandtheit, Allgemeinwissen oder dialektfreier Aussprache. *Ich bin der Meinung, dass unsere Generation sich viel zu sehr mit der Garnierung beschäftigt; weiß der*

Himmel, wie viel Zeit und Energie in das Üben von Akzent und Eloquenz geflossen sind … (Zitate jeweils kursiv). Das seien *Attribute, die zweifellos ihren Reiz haben, wie Zuckerguss auf einem Kuchen, aber nicht zu dem zählen, was wirklich wesentlich ist.*

Und was ist das Wesentliche? Lohnt es sich, diese Frage zu stellen – egal ob man Bundeskanzlerin oder Lehrer, Führungskraft oder Coach, Ärztin oder Stewardess, Mutter oder Vater ist? Ich meine Ja, auch und gerade dann, wenn wir zu anderen Ergebnissen kommen als unser Butler. Sein Resultat, seine Rolle als Butler betreffend: Es gehe um *Würde.* Dass ein Butler *von einer mit seiner Position in Einklang stehenden Würde beseelt ist.* Und er gibt sich nicht zufrieden mit diesem ehrwürdigen Begriff, der im siebenten Himmel der semantischen Abstraktion beheimatet ist: *Es sei mir erlaubt, an dieser Stelle zu erläutern, wie ich »Würde« definiere.* – Und anhand von *wahren Geschichten* erzählt er, wie sich »große Butler« (zum Beispiel sein Vater) in herausfordernden Situationen verhalten haben. Und diese Art von Würde – ist das etwas, was man entweder hat oder nicht? Unser Butler ist überzeugt, *dass diese Würde etwas ist, wonach man seine ganze Karriere über streben sollte,* sie könne *in vielen Jahren der Selbstschulung und des sorgsamen Verwertens von Erfahrungen erlangt werden.*

Nun sind wir alle keine Butler und wollen wohl auch keine werden. Aber was ist in unseren Rollen, die wir im Leben einnehmen, das Wesentliche? Welche Qualitäten verlangen diese Rollen uns ab, und wie können wir die in ihnen enthaltenen Herausforderungen auf eine Weise beantworten, die uns gemäß ist, sodass wir in ihnen nicht nur funktionieren, sondern sie mit unserem Eigensein beseelen? Dann und erst dann werden sie Teil eines wirklich erfüllten Lebens.

Was macht der Mensch aus seiner Rolle, und was macht die Rolle mit ihm? In der persönlichen Identifikation mit der Rolle lauert hier auch eine Gefahr, die Über-Identifikation. Bei unserem Butler geschieht etwas, was er selbst nicht, aber was wir als tragisch empfinden würden. Sein Ideal macht etwas mit ihm: *Die großen Butler sind groß aufgrund der Fähigkeit, ihre berufliche Identität bis zum Äußersten auszufüllen und in ihr zu leben* – und das *Verbergen ihrer wahren Gefühle* sei dabei essenziell. Da diese Rolle aber rund um die Uhr auszufüllen ist, blieb vom Tage nicht viel übrig (daher der Titel des Buches) – und vom Leben auch nicht. Als er nach vielen Jahren und Jahrzehnten doch einmal eine private Regung in sich gelten lässt, da ist es zu spät – und die existenzielle Traurigkeit, die der Held darüber tapfer unterdrückt, erfasst den Leser, die Leserin dafür umso mehr.

So viel zur Rolle und zu ihrer persönlichkeitsbildenden Kraft. Wenn Martin Buber sagt, der Mensch werde am Du zum Ich, so können wir mit Fug und Recht auch sagen: der Mensch wird durch seine Rolle(n) zu dem, was er ist. Die Herausbildung meines Wesens, meine Erfüllung vom Typus Omega vollzieht sich in den Rollen, die ich im Leben einnehme: Sohn und Enkel, Beinahe-Bruder, Schüler, Mannschaftskapitän der Klassenmannschaft, Vereinsvorsitzender des Schachclubs, Gefreiter bei der Bundeswehr, Student, Nachhilfelehrer, Volkshochschullehrer … Ehepartner, Vater, Professor, Nachbar, Mieter, Vermieter, Patient, Buchautor … – vielleicht magst du die Rollen, die du im Leben eingenommen hast und noch einnimmst, daraufhin untersuchen, was diese Rollen aus dir herausgeholt haben und was du hineingegeben hast, mit deiner Art, mit deiner Wesensart.

Und das Prinzip Stimmigkeit bekommt hier einen weiteren Akzent: Sei in Übereinstimmung mit dem, was dir die Rolle abverlangt, und erfülle diese Herausforderung auf eine Art, die dir entspricht – und entwickele dich dabei zu dem, der du sein willst!

Selbstfindung: Drei Dimensionen

Wenn wir den Gedanken der Wechselwirkung weiterverfolgen, dann scheint mir für eine Erfüllung vom Typus Omega der Begriff der Selbstfindung aussichtsreich, auch wenn er häufig überstrapaziert und gelegentlich auch bespöttelt wird (»Er ist zurzeit nicht ansprechbar, er hat sich zur Selbstfindung zurückgezogen, haha!«). Aber wenn jemand, der im Getriebe des Lebens nur noch reagiert, nur noch Sachzwängen gehorcht und Anforderungen erfüllt, nur noch außengeleitet und fremdgetaktet ist und nicht mehr die Zeit und die Kraft hat, mit jener Instanz in Kontakt zu treten, die sich ein Gefühl dafür bewahrt hat, was diesem Jemand guttut, was seinen Bedürfnissen entspricht, seinen Werten, seinem Gewissen, seinen Prioritäten, seiner Vorstellung, was er mit dem Leben anfangen will – mit jener Instanz also, in der die Frage aufkommt, »Will ich so leben, wie ich lebe?« –, dann ist ihm oder ihr diese Selbstfindung in manchen Momenten und Phasen des Lebens unbedingt zu gönnen und zu empfehlen. Ich möchte drei Dimensionen der Selbstfindung unterscheiden:

1. Wie ich mich vorfinde
2. Wie ich mich finde
3. Wie ich mich erfinde

1. WIE ICH MICH VORFINDE: Ja, ich finde mich vor, ich habe mich ja nicht selbst gemacht. Ich finde mich vor mit einem Körper, der mich so oder so aussehen lässt und den ich mögen kann oder nicht. Ich finde mich vor mit mancherlei Eigenarten und Eigenartigkeiten, die mir in die Wiege gelegt sind oder die während des Aufwachsens und danach entstanden sind. Ich finde mich vor als jemand, der so oder so reagiert, wenn die Welt auf ihn zukommt – vielleicht geschmeichelt oder gekränkt, frohgemut oder melancholisch, voller Angst oder voller Übermut, impulsiv oder besonnen. Ich finde mich vor mit bestimmten Orientierungen und Neigungen, zum Beispiel auch im Sexuellen. Ein ehrlicher Blick in den Spiegel verrät mir: Ach, so bin ich also!? Vielleicht friedfertig, verträglich, konfliktscheu? Vielleicht dumm und klug zugleich? Eine Erfüllung vom Typus Omega beginnt mit dem antiken Appell »Erkenne dich selbst!« – ohne damit auch schon zu enden. Selbsterkenntnis ist die Voraussetzung für Authentizität. Und von Carl Rogers lernen wir in seinem sogenannten paradoxen Gesetz der Veränderung: Je mehr ich dazu stehen kann, wie ich tatsächlich bin, je mehr es mir gelingt, meine innere Wahrheit meinem Bewusstsein zugänglich zu machen, umso mehr Kraft und Energie steht für Entwicklung und Veränderung zur Verfügung! Ein solch ehrlicher Blick in den Spiegel braucht

Ermutigung – denn manches, was da »zum Vorschwein kommt« (kein Tippfehler, sondern ein Freud'scher Versprecher!), kann eine bittere Kränkung für mein Selbstbild enthalten, kann meinem Ich-Ideal bös zuwiderlaufen. Sobald ich mir aber zugestehe, nicht ideal zu sein, gewinne ich eine Souveränität höherer Ordnung, die das Schwache und Fehlbare, das Bekloppte und das Klägliche als menschlich zugehörig anerkennt und zugesteht. – In unserem Institut und im »Arbeitskreis Kommunikation und Klärungshilfe« ist es gang und gäbe, auch eigene Schwächen, Begrenzungen, Dummheiten und Fehlschläge offen zu bekunden und in den Blick zu nehmen. Da bricht kein Zacken aus der Krone, überhaupt lebt es sich leichter ohne Krone. Das Ideal des souveränen Alleskönners hat ausgedient, und dadurch wird der Blick freier auf das, was wirklich los ist.

2. WIE ICH MICH FINDE. Und zwar nicht im Sinne von »bewerten«, von »gut oder doof finden«, sondern im Sinne von suchen, ergründen und zusammenfügen. Nanu, gibt es denn da etwas zu suchen? Und gibt es da etwas zusammenzufügen? Luise Rinser antwortet in ihrem Buch »Mit wem reden«[10] auf Fragen, die Jugendliche an sie gerichtet haben. Gleich das zweite Kapitel trägt die Überschrift Selbstfindung. Junge Menschen würden darunter leiden, nicht zu wissen, wer sie sind. Sie würden jeden Tag ein neues Kostüm ausprobieren, aber keines würde wirklich passen. Sie würden Vorbildern (und »Influencern«, müssen wir heute hinzufügen) nacheifern, aber dann merken: So bin ich nicht. Sie würden morgens

aufwachen und ein ganz anderer oder eine ganz andere sein als tags zuvor. Sie würden »hundert verschiedene Ichs« vorfinden, und keines sei das wahre. Alle zusammen seien vielleicht das wahre. Wir alle seien nicht durch und durch eins mit uns selber. – So ist es! Luise Rinser erscheint hier wie eine Kronzeugin des Modells vom Inneren Team. Selbstfindung angesichts der inneren Pluralität bedeutet, nach und nach einen inneren Dirigenten wachsen zu lassen, der seine diversen Solisten zu einem Orchester zusammenfügt und für das Zusammenspiel sorgt. Dies ist nicht ein für alle Mal getan. Noch einmal Luise Rinser: »Diese Selbstfindung steht nicht am Anfang eines Lebens, sie ist das Leben.« Statt vom Dirigenten oder von der Dirigentin spreche ich auch vom integralen Oberhaupt. Es sorgt zeitlebens dafür, dass nicht nur die schnellen und lauten inneren Anteile maßgeblich werden oder sogar das Steuer in die Hand nehmen, sondern dass auch die stillen Wasser zu Wort kommen. –So viel zum Zusammenfügen. Und was gibt es zu suchen? Nicht alles, was in mir steckt, ist auf Anhieb zu entdecken. Die Tiefenbewohner*innen meiner Seele sind zum Teil vergraben und schlecht hörbar. Vielleicht auch, weil sie übertönt werden von den Lauten und Vorlauten. Selbstfindung braucht zuweilen Selbsterforschung. Ich muss erst lernen, mit dem inneren Menschen, der in mir wohnt, Kontakt aufzunehmen und seine Bekanntschaft zu machen. Natürlich nicht permanent, sondern in Krisen und bei schweren Entscheidungen, oder wenn jemand in mir eine Untergrundbewegung gegründet hat, die mich sabotiert oder mein Lebensgefühl vergiftet. Psychotherapie und Coaching können helfen, an diese Teile meines Selbst heranzukommen. Für den Hausgebrauch nehme ich das Innere Team als Methode der Selbstklärung, um das innere Kuddelmuddel zu sortieren und den leisen Stimmen Gehör zu verschaffen. Das ist ratsam, denn wer sich übergangen fühlt, wird sich rächen. Das gilt in realen Teams ebenso wie im Inneren Team.

Die Selbstfindung in diesem zweiten Sinne kann und sollte noch auf eine ganz andere Weise möglich werden: durch Ausprobieren! Wenn du nicht weißt, was dir entspricht, beruflich oder privat, dann findest du es womöglich im Tiefeninterview oder in der Selbstversenkung auch nicht heraus. Die Wechselwirkung zwischen dem, was die Welt dir an Optionen bietet, und dem, was in dir steckt und sich verwirklichen will – diese Wechselwirkung will erkundet und erprobt sein. Dann und erst dann entwickelst du ein Gefühl dafür, was dir entspricht, was dich erfüllt. Nach dem Abitur und dem Wehrdienst wusste ich nicht, wofür ich geschaffen war: für ein Jurastudium, um der Empfehlung des Vaters zu folgen – oder für ein Studium der Psychologie, wofür ich ein Interesse und auch einen Entwicklungswunsch verspürte. Keine Ahnung: Soll man das machen, was man vermeintlich gut kann (Sachverhalte klären und durchdenken) – oder lieber das, was Aussicht auf persönliche Entwicklung enthält (ich war ein Spätentwickler auf der Beziehungsebene)? Keine Ahnung! In meiner Ratlosigkeit habe ich mich für beide Fächer eingeschrieben und abwechselnd die Vorlesungen hüben und drüben besucht – bis ich nach einigen Wochen, einer Abstimmung mit den Füßen folgend, mehr und mehr drüben hängen geblieben bin. Jura wäre auch interessant gewesen, aber es war offenbar nicht »meins«. Und was innerhalb der Psychologie meins werden sollte, wusste ich später auch nicht. Eine Zeit lang war ich als Assistent dazu ausersehen, den Kontakt zum Rechenzentrum der Universität herzustellen, wenn es in der psychologischen Forschung nach Erhebung quantitativer Daten darum ging, Korrelationen, Varianzanalysen und Faktorenanalysen zu rechnen. Dicke Stapel von Lochkarten waren damals zu transportieren und dem Rechner zu übergeben. Und dann die spannende Frage zu klären, wie etwa eine signifikante negative Korrelation zwischen zwei Variablen psychologisch zu interpretieren sei. Das war eine anspruchsvolle Aufgabe und machte Sinn, und allmählich war ich der Sache gewachsen und konnte Diplomanden und Doktorandinnen beraten, sogar ein kluges Buch darüber schreiben. Aber ich wollte doch (auch) ein guter Psychologe werden, und zwar einer in der Praxis – und so merkte ich mit der Zeit, dass mich die Forschungsmethodologie nicht für ewig erfüllen würde – auch wenn dies für die Universitätskarriere der aussichtsreichste Weg war. Aber all dies kann man nicht vorher wissen. Das mitgebrachte Talent, der sehnsüchtige Entwicklungswunsch und der Ruf von außen, der mir sagt, was gebraucht wird und wofür Anerkennung gezollt wird – diese drei Bestimmungsgrößen treten in eine unvorhersehbare Wechselwirkung. Und schon Goethes Wilhelm Meister musste und durfte erfahren, dass die Selbstfindung am besten über Umwege gelingen kann: trial and error and enlightenment!

3. WIE ICH MICH ERFINDE. Unsere Lebensumstände sind volatil, das heißt unberechenbar wechselhaft geworden, die Optionen verwirrend reichhaltig – kein Wunder, dass der moderne Mensch sich aufgerufen fühlt, sich immer mal wieder »neu zu erfinden«, und dies auch gern mit Stolz verkündet. Aber soll man nicht seinem »Wesen treu bleiben«? Schnell hört man die flotte Weisheit: »Nur wer sich wandelt, bleibt sich treu!« Aber im Grunde enthält der Gedanke der Selbsterfindung eine Gegenthese zu der bisher in diesem Kapitel verfolgten Lehre von der Wesenstreue. Für mich am eindrucksvollsten ist die geniale Formulierung von Jean-Paul Sartre, mit der er sein existenzialistisches Credo auf den Punkt bringt:

> *Jeder kann jederzeit aus dem etwas machen, was man aus ihm gemacht hat!*[11]

Unsere Bestimmtheit durch DNA, Zeitumstände, frühkindliche Prägungen, durch die gesamte Sozialisation wird hier nicht infrage gestellt. Aber nun liegt es in unserer ureigenen Freiheit und Verantwortung, daraus etwas zu machen. Das Geschöpf wird zum Mitschöpfer, sobald ihm diese Freiheit bewusst wird. Sie ist möglich, und sie ist unausweichlich. Wir sind in die Freiheit hineingeworfen, ob wir wollen oder nicht. Nach Sartre geht nicht die Essenz (das Wesen) der Existenz voraus, sondern umgekehrt: Du definierst dich durch deine Taten und Entscheidungen: Die Existenz geht der Essenz voraus. Wenn Sartre recht hat, müsste der Merkspruch zu Beginn dieses Kapitels neu formuliert oder zumindest ergänzt werden:

Wer bist du, und was macht dich aus?
Wie auch immer, mach was draus!

Als ich eine Studienkollegin nach zehn Jahren wiedertraf, sagte sie fast beiläufig: »Ich will mich verändern« – und meinte damit nicht ihre Umgebung, sondern sich selbst. Diesen Satz hatte ich noch nie in meinem Leben von einem Menschen gehört. Dass dies möglich ist, jedenfalls »ein Stück weit«, wie wir in Psychologenkreisen gerne sagen, gehört zu den faszinierenden Tatsachen unseres Daseins. Ich sollte zu dem stehen, der ich (geworden) bin, aber ich muss nicht alles hinnehmen, was an Mitgift in mir steckt, und ich kann versuchen, über mich hinauszuwachsen. Wenn ich das Gift in der Mitgift entdecke, zum Beispiel fragwürdige Glaubenssätze über mich und das Leben, die mir von außen eingeschärft worden sind, kann ich mich davon befreien, wie von einem Fremdkörper, der nicht in mich hineingehört. Und ich kann in Aufgaben und Herausforderungen hineinwachsen, von denen ich nie geahnt hätte, dass sie »meins« werden könnten, ohne mir fremd zu werden. Ich las von einem Wissenschaftler der Biomedizin, der seine Berufung in der Erforschung einer bestimmten Pathogenese gefunden hatte. Ursprünglich war er ein musikalisches Wunderkind gewesen, beherrschte das Cello mit großer Virtuosität, und war überzeugt, sein Leben der Musik widmen zu sollen und zu wollen. Bei einem Unfall verlor er einen Teil seines Fingers – aus der Traum. Notgedrungen schlug er einen anderen Weg ein und fand sich dort immer mehr zu Hause, als ein Forscher mit Leib und Seele. Ob wir ein Fisch im Wasser oder ein Vogel in den Lüften werden, scheint von unserem Wesen nicht vorbestimmt zu sein, jedenfalls haben wir nicht nur einen »Kern«, sondern auch eine enorme »personale Bandbreite«.

Wenn allerdings die freie Wahl, sich selbst zu erfinden, überbetont wird, verlieren wir den anderen Teil der Wahrheit aus den Augen. Es gibt Motivationsgurus, die dich eifrig anfeuern: »Du kannst selbst entscheiden, ob du eine Ameise oder ein Adler werden willst!« Ja, aber (be)achte auch deine Grenzen und bleibe in gutem Kontakt mit dem, wie du dich vorfindest und wie du dich ergründest. Wachstum ist möglich, aber das Gegebene lebt im Gewachsenen fort. Die Blütenzweige müssen aus den Wurzeln hervorgehen und von ihnen Nährstoff tanken können, sonst verwelkt der Blütenzauber rasch. – Die Kunst der Selbstfindung besteht im Zusammendenken und Zusammenleben ihrer drei Dimensionen: wie ich mich vorfinde, wie ich mich finde (im engeren Sinne) und wie ich mich erfinde.

Der Widerspruch von Wesenstreue und Neuerfindung löst sich auf, wenn ich im Modell des Inneren Teams denke: Es hat sich herausgestellt, dass wir »jederzeit« ein neues Teammitglied einstellen können – nicht eben mal so, aber durch gereifte Entscheidung und Übung. Das kann auch lustvoll sein und muss nicht in triefender Schwerarbeit geschehen. Es bedeutet dann eine wertvolle Ergänzung unserer Persönlichkeit. Alle anderen Mitglieder unseres Teams, unsere »Stammbesetzung«, bleiben dabei erhalten – sie sind ohnehin unkündbar. Es wird kein neuer Mensch geboren, aber das Innere Team erfährt eine Bereicherung. Im letzten Kapitel Delta war davon die Rede. Ein weiteres harmloses Beispiel aus meinem eigenen Leben fällt mir ein: Von meinem »Wesen« her bin ich kein Helfertyp. Soll doch jeder, so meine Philosophie, für sich selber sorgen, so gut und so lange er kann – und wenn er Hilfe braucht, soll er oder sie sich melden. Aber es gibt auch eine Hilfsbedürftigkeit, die den Bedürftigen verstummen lässt – man kann sie bei hinreichendem Mitgefühl allenfalls vermuten und aufspüren. Darin habe ich mich dann üben wollen. Und um das neue fürsorgliche Teammitglied in Übung und Aktion zu bringen, habe ich eine Zeit lang im Beruf wie im Privatleben manchen Kontakt mit der Frage beendet: »Und kann ich noch etwas für dich tun?« Meist war die oder der Angesprochene zunächst überrascht, und manche mussten lachen – und manchen fiel dann wirklich etwas ein, und das tat der Beziehung gut – und nicht zuletzt mir. Die Frage war mir »von Haus aus« wesensfremd, sie war überhaupt nicht in meinem aktiven Sprachschatz gewesen. Und sie war, jedenfalls in einem oberflächlichen Sinne, zunächst auch überhaupt nicht authentisch. In einem tieferen Sinne aber doch, denn ihr lag ja der Wunsch zugrunde, in diesen Satz »hineinzuwachsen«. Hier stimmt die Empfehlung: »Fake it, until you make it!«

Ich habe die (dreidimensionale) Selbstfindung als Königsweg für eine Erfüllung vom Typus Omega beschrieben. Diese These ist nicht unumstritten. Die Schriftstellerin Juli Zeh sieht im »Volkssport« der Selbstfindung ein Symptom für eine beklagenswerte Entwicklung des modernen Menschen. Sie spricht vom »Turbo-Ich«, um die Gefährdung des Individuums im Kommunikationszeitalter zu kennzeichnen.[12] Nachdem es sich von Religion, Nationalstaat, patriarchalischer Familie, von der Ehe als lebenslang heiliger Institution, sogar von der Geschlechteridentität emanzipiert habe, nachdem jede Form von Zugehörigkeit locker oder obsolet geworden sei – nach all dieser Befreiung sei das moderne Individuum bindungsschwach geworden. Endlich frei – aber was nun? Der maßgebliche Kompass von außen ist abgeschafft, nun muss er im Inneren des selbstbestimmten Individuums gesucht werden. Es beginnt die Suche nach sich selbst, Selbstfindung und Selbstverwirklichung seien zum Volkssport geworden, der Mensch beginne, panisch in sich selbst herumzugraben. Und da entstehe ein Teufelskreis: Je mehr Aufmerksamkeit man auf sich selbst richte, desto größer blähe sich das Ego auf. Und je aufgeblähter das Ego, umso schwächer werde die Bindungsfähigkeit. Und je schwächer die Bindung, umso verlorener die Seele. Und je verlorener, umso bedürftiger nach Aufmerksamkeit und Bestätigung. Eine fehlgeleitete Selbstbestimmung, die ein infantiles und letztlich unheilvolles Turbo-Ich hervorbringe.

Der Teufel, den Juli Zeh hier pointiert an die Wand malt, trägt narzisstische Züge – und darin liegt wirklich eine Gefahr.

Es muss aber nicht so kommen. Dass Menschen auf der Suche nach der eigenen Gesetzgebung für ihr Leben »panisch in sich selbst herumgraben« würden, entspricht nicht meiner Erfahrung. Auch nicht, dass Turbo-Anteile dabei befeuert würden – im Gegenteil, wer sich einlässt auf den inneren Menschen, der in ihm wohnt, findet meist das Bedürfnis nach Bindung und Zugehörigkeit vor, auch den Wunsch, zu einem gelingenden Wir beizutragen. Und er stößt auf Bindungen, die ihn durchaus unfrei machen und die es verdienen, kritisch beleuchtet zu werden. Am Ende können Selbstverantwortung und Beziehungsfähigkeit gestärkt werden. Wenn allerdings dieser humane Prozess der Individuation und der Selbstverwirklichung unter die Fuchtel des Narzissmus gerät, dann allerdings sehe ich die beschriebene Gefahr auch, und deswegen kann ich dieses Kapitel nicht abschließen, ohne noch etwas über Narzissmus zu sprechen. Es trifft ja zu, dass die Erfüllung vom Typus Omega, die Selbstverwirklichung, in unseren Zeiten eine besondere Zuspitzung erfährt. Der humanistische Appell »Sei du selbst – werde, der du bist – mach was aus dem, was man aus dir gemacht hat!« enthält zwei Teile: einen Appell in Richtung Authentizität und einen Appell in Richtung Entwicklung und Wachstum: wirklich werden zu lassen, was als Möglichkeit in dir steckt (»Potenzialentfaltung«). In einer Zeit und in einer Wettbewerbsgesellschaft, die sich den Individualismus und seine »Singularität« (Andreas Reckwitz[13]) auf die Fahne geschrieben hat, erlebt die Idee der Selbstverwirklichung eine Hochkonjunktur: Mach was aus dir, entdecke dein Alleinstellungsmerkmal, sei deines Glückes Schmied! Du kannst ganz groß herauskommen, wenn du an dich glaubst!

Mein Wertequadrat zur »Selbstverwirklichung« sieht so aus, siehe Abb. 29.

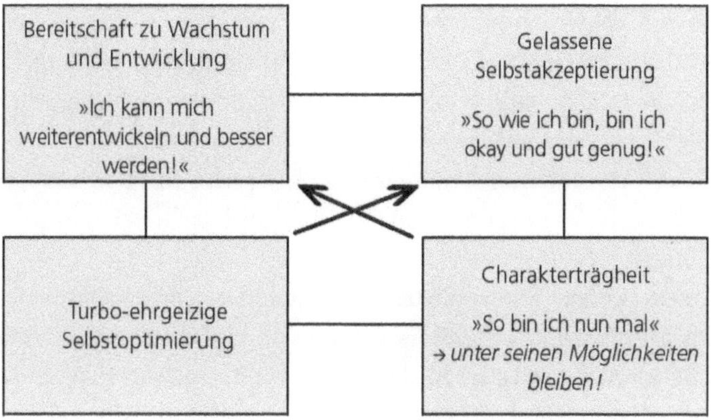

Abb. 29: Selbstverwirklichung in dialektischer Balance

Im Coaching müssen wir jemanden, der eher links unten des Guten zu viel anstrebt, zu der Haltung ermutigen, die rechts oben ein wenig Ruhe und Gelassenheit in das Thema »Ich!?« hineinbringt. Hingegen jemanden, der rechts unten verharrt (und erstarrt), ermutigen, die Entwicklungsfreudigkeit in sich zu erwecken. Wohl dem Coach, der oder die weiß, dass sich die Entwicklungsrichtungen von uns Menschen überkreuzen!

Wir leben im Zeitalter der Individualisierung: Jeder und jedem ist es erlaubt, sich in seiner besonderen Einmaligkeit zu zeigen und zu entwickeln. Das ist zunächst einmal sehr zu begrüßen. Noch gar nicht lange her, da hieß es in Deutschland: »Du bist nichts – dein Volk ist alles!« – Doch, du bist etwas, du bist sogar sehr wichtig, und deine Würde ist unantastbar! Und dass es dir gelingt, das aus dir zu machen, was in dir steckt, das darf und sollte ein zentrales Anliegen deines Lebens sein! Aber wie schon in den Feldern Alpha, Beta, Gamma und Delta auch Gefahren enthalten waren, so kann in diesem Omega-Feld ebenfalls etwas auf die schiefe Bahn geraten. Und zwar dann, wenn die Sorge um die Selbstwerdung allzu stark narzisstisch aufgeladen ist.

Wir leben nämlich auch im »Zeitalter des Narzissmus«, so jedenfalls die Diagnose von Christopher Lasch, bei dem sogar von einer Epidemie des Narzissmus die Rede ist.[14] In Deutschland hat Hans-Joachim Maaz »Die narzisstische Gesellschaft« ausgemacht[15], Werner Berschneider beschreibt den krank machenden Narzissmus in der Arbeitswelt[16], auch Heinz-Peter Röhr[17] und Reinhard Haller[18] sehen den Narzissmus weit verbreitet, und speziell den weiblichen Narzissmus hat Bärbel Wardetzki ins Auge gefasst.[19] Ich selber habe von einem »narzisstischen Dilemma«[20] gesprochen, dem wir ausgesetzt sind: Einerseits wird im täglichen Miteinander kaum etwas so geschmäht und nur mühsam ertragen wie ein künstlich aufgeblähtes Ego, mit dem jemand seinen Nächsten auf die Nerven fällt. Andererseits werden Selbstmarketing und Selbstanpreisung in der Wettbewerbsgesellschaft erwartet und geschult. Die permanente Optimierung der Selbstdarstellung ist Teil jeder professionellen Kommunikationsstrategie. Wenn mir meine Bank oder meine Versicherung aufgrund einer EDV-Umstellung eine neue Servicenummer mitteilen will, muss ich zunächst einen langen Absatz lesen, in dem sie sich als jemand präsentiert, dem es in ganz besonderem Maße am Herzen liegt, ihre Kundschaft rechtzeitig, umfassend und transparent über alle sie betreffenden Vorgänge zu informieren. Offenbar gilt das strenge Gesetz »Selbstanpreisung vor Sachmitteilung!«. Es kreißt der Berg der Selbstdarstellung mit ordentlichem Getöse – und gebiert sachlich eine Maus. Also: Selbstmarketing ist hierzulande eine hochachtungsvolle Schlüsselqualifikation, eitle Angeberei gilt gleichzeitig als beklagenswertes Charakterdefizit. Gar nicht so leicht, sich hier sozialverträglich hindurchzunavigieren!

Im Kapitel Gamma sind wir bei der Verarbeitung existenzieller Schlüsselsituationen (S. 87 ff.) bereits auf den Narzissmus gestoßen. Dort war er als Anstifter unguter Verarbeitungen in Erscheinung getreten. Wahrlich, er kann einem beim Streben nach einem erfüllten Leben echt zur Falle werden! Daher möchte ich im Folgenden eine kleine Einführung geben:

»Einige meiner besten Freunde sind Narzissten ...« – so beginnt das renommierte Buch von Stephen M. Johnson über den »narzisstischen Persönlichkeitsstil«.[21] Dieser Satz gefällt mir, denn er offenbart eine Haltung von Empathie und Sympathie – statt den Narzissten bloß mit diagnostischer Überheblichkeit in seiner Gestörtheit dingfest zu machen. Diese philanthropische Haltung ist sehr angebracht, denn erstens haben wir (fast) alle eine »narzisstische Schramme«, wie meine Frau zu sagen pflegt. Und zweitens verbirgt sich hinter den unangenehmen Charaktereigenschaften eine seelische Notlage, die es zu erkennen gilt und die eines Mitgefühls würdig ist.

Die *Eigenschaften* sind schnell in Erinnerung gerufen: eine Tendenz, sich selbst als großartig, überlegen und heroisch darzustellen, oft verbunden mit der Tendenz, andere Menschen zu entwerten, herabzusetzen, zu demütigen. Weiterhin ist ein Mangel an Empathie zu beklagen und eine übersteigerte Kränkbarkeit, wenn die eigene Grandiosität infrage gestellt wird. Eine enorme Bedürftigkeit, Aufmerksamkeit, Resonanz und Anerkennung zu erhalten. Weiterhin eine Überzeugung, etwas sehr Besonderes zu sein, verbunden mit der Erwartung und notfalls der vehementen Forderung, man möge ihm bitte schön loyal und mit ganzem Einsatz zu Diensten sein – ja, man möge überhaupt so *sein,* dass es den eigenen Bedürfnissen optimal entspricht – andernfalls kann der Narzisst sehr unangenehm werden: Was du ihm an seiner Bedürfnisbefriedigung schuldig bleibst, rechnet er dir als Charakterdefizit an. Wichtig zu wissen für jeden, der »Feedback« empfängt! Noch tragischer ist es, wenn Eltern von Kindern stark narzisstisch sind, wenn ihr Ideal, wie das Kind sein sollte, unbewusst von eigenen Bedürfnissen geprägt ist. Aber auch erwachsene Partnerschaften sind gefährdet, nicht selten auch von Gewalt bedroht.

Versuchen wir den Hintergrund und die *seelische Notlage* zu verstehen! Der Narzisst (hier sprachlich stellvertretend für beide Geschlechter, auch wenn der weibliche Narzissmus zuweilen andere Facetten aufweist) ist ein Mensch mit einem prekären Selbstwertgefühl: innerlich immer wieder heiß umkämpft – und immer wieder absturzgefährdet. Aber gleich vorweg gesagt: Die Rede von »dem Narzissten« ist irreführend. Kein Mensch ist durch und durch Narzisst, vielmehr haben wir fast alle in unserem seelischen Team ein Mitglied, das narzisstisch geprägt ist und narzisstische Aufgaben übernimmt. Im Team sind aber auch viele andere, die den Charakter des Menschen ausmachen! Vielleicht ein überaus hilfreicher Geist, vielleicht ein scheuer Einzelgänger, vielleicht ein humorvoller Clown, vielleicht ein überaus pflichtbewusster und gewissenhafter Arbeiter (Abb. 30).

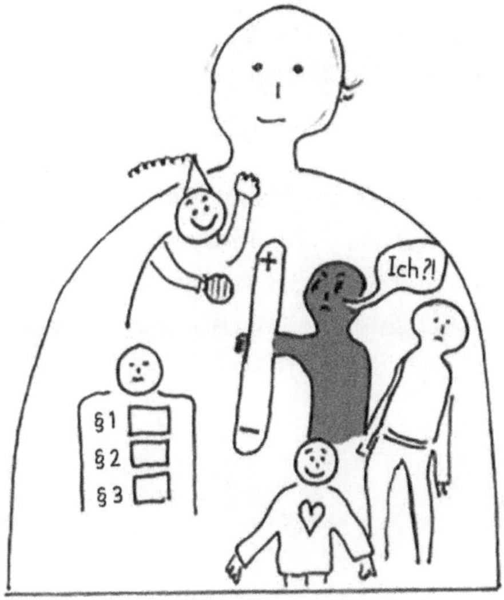

Abb. 30: Ein narzisstisches Mitglied im Inneren Team:
eines unter vielen

Nehmen wir nun dieses eine Mitglied unter die Lupe, wohl wissend, dass es nur eines von vielen ist, die die Persönlichkeit prägen! Es gibt ein großes Thema, das dieses Mitglied umtreibt: *»Ich!?«*

- Wie ist es um mich bestellt?
- Bin ich gut, bin ich schlecht?
- Wie komme ich an?
- Welche Resonanz bekomme ich auf meine Person, wie werde ich behandelt?

– Wie kann ich mich wirkungsvoll und liebenswert darstellen, verkaufen, rechtfertigen, erklären, mich selbst zum Thema machen?

Für all diese Fragen ist der Narzisst in uns hochsensibel, darauf passt er auf wie ein Schießhund. Und er hat dafür einen Messfühler in der Hand, der bipolar ist: oben plus, unten minus, oben Gut, unten SCHlecht, oben alles, was mit dem Buchstaben G anfängt, unten alles, was mit SCH anfängt (Abb. 31).

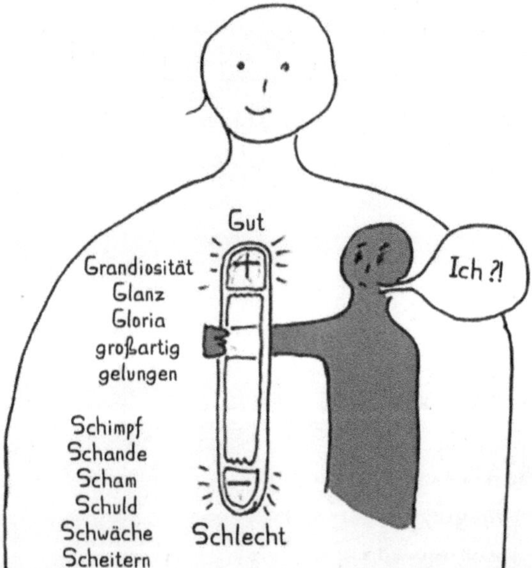

Abb. 31: Der innere Narzisst mit dem bipolaren Messfühler

Dieser Teil in uns ist bipolar veranlagt, pendelt im seelischen Hoch-Tief, himmelhoch jauchzend oder am Boden zerstört – der mittlere Graubereich fehlt, der sich in aller Gelassenheit etwa in folgenden Worten andeuten könnte: »*Ich bin ganz okay, ein normaler Sterblicher, der auch nur mit Wasser kocht und seine Stärken und seine Schwächen hat und der im Großen und Ganzen einigermaßen lebenstüchtig, anständig und liebenswert durchs Leben geht.*«

In Ermangelung einer solchen selbst-wertschätzenden Gelassenheit ist der bipolare Messfühler energetisch aufgeladen – der Narzisst kreist um sich selbst, genauer gesagt um diesen Stab – in Sorge um sein Selbstwertgefühl. »Sorge« hier wieder im doppelten Sinne (vgl. S. 132): ständig besorgt und ständig dafür sorgend, dass er dem drohenden Tief entgeht und das innere Hoch erreicht und aufrechterhält. So begreifen wir die Selbstanpreisung, die ständige Selbstvergewisserung der eigenen Grandiosität. So verstehen wir die Tendenz, andere abzuwerten und klein zu machen, als eine Bemühung, die Selbsterhöhung durch Herabdrücken des anderen zu gewährleisten. So erkennen wir den Mangel an Empathie als Nebenfolge des Kreisens um die eigene Selbstwertachse. Und wir wundern uns nicht mehr über die starke Kränkbarkeit – denn Spott und Kritik, übergangen zu werden oder unbeachtet zu sein – all dies ist geeignet, den seelischen Großalarm auszulösen, der den Absturz ins innere Tief begleitet. Und schließlich können wir die enorme Bedürftigkeit nach Gesehenwerden, nach Resonanz und Anerkennung nachempfinden. Denn weil der Selbstwert-Krug ein Leck hat, muss er ständig von außen nachgefüllt werden (Abb. 32).

Abb. 32: »Wenn der Topf aber ein Loch hat …« – Das Reservoir an Selbstwert bedarf ständiger Nachfüllung von außen

Wenn ich gesagt habe, wir hätten (fast) alle eine narzisstische Schramme, dann suggeriert dies eine Gemeinsamkeit. Diese relativiert sich allerdings schnell wieder durch den nötigen Zusatz »mehr oder minder«. Jede Frau, jeder Mann, jeder Mensch will gesehen und anerkannt werden, Resonanz auf seine Person und auf sein Handeln erfahren: Ein gesunder Narzissmus liegt auf dem einen Ende der Skala. Im mittleren Bereich der Skala finden wir ein gutartig vergrößertes Ego. Aber am anderen Ende finden wir eine narzisstische Wucherung, bei der der innere Narzisst in Abbildung 31 zum Schwergewicht und zum dominanten und penetranten Spielführer geworden ist. Wie entsteht ursprünglich eine solche Wucherung? Jede Herabsetzung, jede Diskriminierung, jede Spielart von Mobbing erschüttert das Selbstwertgefühl, in der Kindheit, in der Jugend und im Erwachsenenleben. Am schlimmsten und nachhaltigsten aber ist diese Demoralisierung, wenn sie in den ersten Lebensjahren geschieht. Dann sprechen Psychotherapeuten von einer »frühen Störung«. Wenn das kleine Kind nicht (genug) berührt und gehalten, geliebt und einfühlsam gespiegelt wird, wenn es sich durch Feindseligkeit oder distanzierte Gleichgültigkeit entwertet fühlt, wenn es unerwünscht ist oder gar misshandelt wird, dann wird sein Selbstwertgefühl verletzt und seine ganze Seele schwer beschädigt. Jede kleine Erdenbürgerin braucht, dass sich jemand über ihr Dasein von Herzen freut, braucht diesen Willkommensgruß, um sich auf Erden beheimatet und um ihrer selbst willen geschätzt und geliebt zu fühlen. – Es mag auch noch eine andere Spielart geben, eine gegensätzliche frühe Erfahrung von der Art: Alles dreht sich um die Prinzessin, den Prinzen. Sie gewinnen den Eindruck, Mittelpunkt zu sein, mit allen Ansprüchen, behütet, gefeiert, verwöhnt zu werden. Mitmenschlichkeit erfahren sie durch einen Hofstaat, der ihr oder ihm zu Diensten ist. Was hier fehlt und vorenthalten wird, ist eine Erfahrung von Gegenseitigkeit im Zusammenleben, von Rechten und Pflichten, von Geben und Nehmen, von Zutrauen und Zumutung und von ehrlichem und wohlmeinendem Feedback. Auch eine solche ungute Mittelpunktserfahrung mag ein narzisstisch gestörtes In-der-Welt-Sein hervorbringen.

Dieser Exkurs zum Thema Narzissmus schien mir wichtig, weil die Erfüllung vom Typus Omega, die Selbsterfüllung, davon infiziert sein kann. Unter dem Einfluss einer starken narzisstischen Aufladung kann das Streben nach Selbsterfüllung und Selbstverwirklichung von einer unguten Energie befeuert sein. Was in der humanistischen Philosophie ursprünglich emanzipativ gemeint war: »Gib dir die Erlaubnis und habe den Mut, du selbst zu sein und dein Leben nach den Maßstäben auszurichten, die dir wesensgemäß sind! Und versuche das aus dir zu machen, was in dir als Verheißung und als Berufung angelegt ist!« – dieser emanzipative Impuls kann sich in einen narzisstisch aufgeheizten neuen Imperativ verwandeln, angestiftet von einer Wettbewerbsgesellschaft, die dem Einzelnen nahelegt, sich zu optimieren und von der besten Seite zu zeigen: *Sei singulär, betone deine Einzigartigkeit, stelle deine »Alleinstellungsmerkmale« ins Schaufenster, zeige dabei auch, wie glücklich du bist (denn jeder ist seines Glückes Schmied, und wem, wenn nicht dir, sollte das gelingen?)! Verwirkliche deine Träume (das gelingt dir doch hoffentlich?) und trau dich, deine Exzellenz zu betonen (Eigenlob stinkt nicht, das hat man früher gedacht. Eigenlob verleiht deinem Leuchtturm die gebührende Strahlkraft und Reichweite!)! Und solltest du einmal scheitern, dann sei ein resilientes Stehaufmännchen oder Stehauffrauchen und mache aus dem Scheitern einen persönlichen Gewinn, denn Exzellenz besteht auch darin, krisenerprobt mit allen Wassern gewaschen zu sein und den gereiften Phoenix aus der Asche zu zaubern!*

Nach und nach hat sich das Ideal der Authentizität mit den Leitsternen des Glücks und der Exzellenz verschmolzen. Wenn du also dich selbst ins Schaufenster stellst, dann musst du die drei Sterne Authentizität, Glück und Exzellenz als Trio zum Leuchten bringen. Das Streben nach Selbstverwirklichung wird von den

Normen der Wettbewerbsgesellschaft und dem narzisstischen Ehrgeiz rechts und links eskortiert, und was als Ermutigung zum Selbstsein angefangen hat, verwandelt sich in eine neue Anpassungsforderung. Vielleicht wäre das gar nicht schlimm, wenn nicht dieses Ideal alles ausblenden und im Grunde verachten würde, was das Menschenleben auch ausmacht: Unglück und Abgründe, eigene Schwächen und Fehlbarkeiten, Kränkungen, Verzagtheit, Krisen und Melancholie, Krankheiten und Schicksalsschläge, bittere Not und Tränen im Jammertal. Was Wilhelm Busch noch trocken auszusprechen wagte:

> »Im Durchschnitt ist man kummervoll
> und weiß nicht, was man machen soll.«

muss jetzt als klägliches Versagen empfunden werden. Der Sturz vom Olymp der Trias Authentizität – Glück – Exzellenz in das Jammertal hat eine enorme Fallhöhe, die das Individuum sich selbst zurechnen muss – denn jeder ist auch seines Absturzes Schmied, oder? Anstelle eines Trostes kommt zum erlittenen Unglück die Scham und die Selbstverachtung noch obendrauf – der narzisstische Teufelskreis schließt sich. Und es kann sein, dass jemand in einem gesellschaftlichen Umfeld aufgewachsen ist, das wenig Spielraum und wenig Chancen ermöglicht hat, sich selbst zu entfalten. Er oder sie wird vielleicht mit Verbitterung reagieren, wenn das Loblied auf die Selbstverwirklichung gesungen wird oder gar ein Kult auf das Omega um sich greift. Noch sind wir weit davon entfernt, Chancengleichheit zu ermöglichen, aber auf diese Utopie muss immer der Kompass gesellschaftlicher Entwicklung gerichtet sein.

Wir sind am Ende des Omega-Kapitels. Sei dir bewusst: Du bist ein Unikat! Niemals vorher und nie wieder nach dir wird es einen Menschen geben, wie du einer bist. Je mehr es dir gelingt und es dir vergönnt ist, dein einmaliges Wesen lebendig werden zu lassen und das aus dir zu machen, was als Möglichkeit in dir steckt – vielleicht sogar hin und wieder über dich hinauszuwachsen –, desto mehr Lebenserfüllung vom Typus Omega ist dir beschieden. Und was für eine du bist und was für einer du wirst, das ist nur zu einem geringen Teil in dir selbst und deinen Genen vorbestimmt. Erst die Wechselwirkung mit deinem Lebensschicksal, mit den Menschen, denen du begegnest und die dir nahekommen, mit den gesellschaftlichen Rollen, die du dir wählst oder die dir zufallen, führt zu dem, was dich letztlich ausmacht. Du machst deine Geschichte, und deine Geschichte macht etwas mit dir – in dieser ewigen Wechselwirkung bildet sich dein Wesen heraus. Und dann besteht die Omega-Herausforderung darin, ein Leben zu führen, das dir entspricht und dadurch zu *deinem* Leben wird. Dazu ist es aber erforderlich, dass du dich selbst erkennst und verstehst. »Wer sich selbst versteht, kommuniziert besser!« – haben wir gesagt, um das Modell vom Inneren Team zu popularisieren. Jetzt können wir sagen: »Wer sich selbst findet, vergrößert seine Chance auf ein stimmiges Leben!« Und ein stimmiges Leben ist eines, das sowohl meinem Wesen, meiner inneren Wahrheit, meinem Credo gerecht wird als auch den Herausforderungen, die das Leben mir zuspielt und auferlegt. Wir dürfen von einer existenziellen Schlüsselqualifikation sprechen.

Abb. 33: Das Innere Team und seine Wortmelder

Das Modell und die Methoden des Inneren Teams leisten hier eine großartige Hilfe: Immer dann, wenn sich die abstrakte Frage in der Sprechblase (Abb. 33) konkret bezogen auf eine Lebenssituation stellt, kann ich die inneren Wortmelder aufsuchen, die zu dieser Frage einen Beitrag auf dem Herzen haben. Wer sich übergangen fühlt, ist verstimmt. Wer sich gehört und verstanden fühlt, wird seine Kraft für die gemeinsame Sache zur Verfügung stellen – da freut sich das Oberhaupt, welches die obige Frage zur Chefsache gemacht hat. Und dann wächst die Chance auf ein erfülltes Leben, nicht nur vom Typus Omega.

8 ZU GUTER LETZT

Ein erfülltes Leben!? Ich bin froh, meine Gedanken und Erkenntnisse, meine Fragen und mein existenzielles Credo mithilfe des Modells ein wenig ordnen zu können. Der Sinn dieses kleinen 5-Felder-Modells (siehe noch einmal Abb. 34, S. 217) hätte sich auf schönste Weise erfüllt, wenn es Sie angeregt hätte, Ihr eigenes Leben zu würdigen – indem Sie es mit fünf verschiedenen Brillen betrachten. Darüber hinaus könnte es sein, dass Sie auf einem (oder mehreren) dieser Felder Aspekte entdecken, die Sie noch weiter verfolgen wollen, um der Erfüllung, die dieses Feld verheißt, noch mehr Raum zu geben.

Mir ist es selbst während des Schreibens so ergangen. Dass ich immer wieder auch eigene Lebenserinnerungen in den Text eingefügt habe, hatte einen dreifachen Grund: einmal zum Zwecke der eigenen Beseelung. Das Schreiben macht mehr Spaß, wenn ich in die Inhalte selbst involviert bin. Zweitens, um das Gedachte und Abstrakte zu veranschaulichen – Lebensbeispiele dienen der Verständlichkeit. Und drittens, um Sie anzuregen und anzustiften, die fünf Felder mit eigenen Lebensbeispielen zu füllen – für sich selbst und für den Fall, dass Sie das Modell in der Weiterbildung vermitteln möchten.

Vielleicht sind Sie Pastorin oder Trauerredner? Beruflich oder bei bestimmten Anlässen herausgefordert? Oder Sie leisten Biografiearbeit mit älteren Menschen? Dann haben Sie mit diesen Brillen fünf einander ergänzende Optionen, das Leben eines Menschen zu betrachten und zu würdigen: Was war ihm vergönnt, welche Träume konnte er sich erfüllen (*Alpha*)? Welchen erkennbaren Sinn hatte sein Leben? Was hat dieser verstorbene Mensch uns bedeutet? Was haben wir ihm zu verdanken? Wofür hat er, wofür hat sie sich eingesetzt (*Beta*)? Wie ist das Leben verlaufen? Was waren die entscheidenden Weichenstellungen? Die Sternstunden? Die Schicksalsfügungen und Schicksalsschläge? Welcher »Roman« entsteht vor unserem geistigen Auge, wenn wir die Gestalt des Lebenslaufes betrachten (*Gamma*)? Welchen Reim hat er sich auf sein Leben gemacht? Welche Lebenseinstellung zu Gott und der Welt war charakteristisch für sie, für ihn? Was bedeutete es ihm, geboren worden zu sein und zu sterben (*Delta*)? Und was war er für ein Mensch? Wie trat sein Wesen zutage? Wie werden wir sie, wie werden wir ihn in Erinnerung behalten (*Omega*)?

Je nach Mensch werden die Schwerpunkte anders verteilt sein – vielleicht hatten Alpha und Gamma ein besonderes Gewicht oder Beta und Delta. Die fünf Felder sind als Inspirationsquellen gedacht und als Suchrichtung, nicht als Agenda zum korrekten Abarbeiten. Es ist auch nicht etwa so, dass ein Lebensereignis oder eine Lebensepisode einem der fünf Felder zugeordnet werden kann und soll. Meist sind mehrere, vielleicht sogar alle fünf Felder gleichzeitig betroffen. Die Felder beleuchten *Aspekte* eines Ereignisses, einer Episode. Man kann ein und dasselbe Ereignis, ein und dieselbe Lebensphase von fünf Standpunkten aus betrachten.

So wie dieses Buch jetzt geworden ist, siedelt es im Grenzbereich von Psychologie, Philosophie und eigenen Lebenserinnerungen. Aktuelle gesellschaftspolitische Themen und weltpolitische Entwicklungen bleiben beim Modell-Gerüst außen vor, spielen aber in unseren Lebensläufen eine große Rolle und hinterlassen ihre Spuren in allen Quadranten des Modells. Naheliegendes Beispiel: Während der Pandemie musste und muss das Leben anders geführt werden, ein erfülltes Leben eine andere Gestalt annehmen. Dieses Buch wäre nicht geschrieben worden, wenn ich nicht im Jahr 2020 unvermutet überwiegend zu Hause geblieben wäre. Zum Schluss daher die Frage: Wodurch wird sich ein erfülltes Leben in der Zukunft auszeichnen? Globalisierung und Internet, Digitalisierung, Wiedererstarken autoritärer Regime, beginnende Demokratie-Skepsis, zunehmende Polarisierung der Gesellschaft und vor allem: lebensbedrohliche Erderwärmung – all dies schafft im 21. Jahrhundert einen anderen Daseinskontext, als ich ihn im Nachkriegsdeutschland vorgefunden und erlebt habe: Deutschland lag städtebaulich und moralisch in Trümmern, stand als Kriegstreiber und unfassbar grauenhafter Massenmörder vor der ganzen Welt da, war trotzdem im Restbestand davongekommen und konnte sich aus den Ruinen noch mal neu aufbauen. Der Daseinskontext, den ich im westlichen Teil Deutschlands[1] zwar noch nicht als Kind, aber dann als Jugendlicher vorgefunden habe, war geprägt von Demokratie und menschenwürdiger Verfassung, von Wirtschaftswunder und

Rechtsstaatlichkeit, von sozialstaatlicher Mindestfürsorge, vom Bemühen um europäische Integration – in Frieden und Kooperation mit den Nachbarn. Meine Güte, ein Leben in Frieden und Freiheit, mitten in Europa, dem großen Schlachtfeld vergangener Jahrhunderte! An der Spitze des Staates standen nicht ein Adolf Hitler, sondern ein Konrad Adenauer und später ein Willy Brandt, ein Helmut Schmidt, eine Angela Merkel. Was für ein ethischer Quantensprung! Natürlich ist das eine allzu idyllische und unkritische Darstellung der politischen und gesellschaftlichen Verhältnisse in der Bundesrepublik Deutschland, noch dazu von einem, der relativ privilegiert war in diesem System. Aber verglichen mit dem, was vorher war, doch eine fulminante Wahrheit im Großen und Ganzen. Für ein erfülltes Leben in diesem Kontext durfte ein Thema wichtig werden: Wie kann ich, wenn die Würde des Menschen jetzt unantastbar sein soll, als Individuum von meiner Freiheit so Gebrauch machen, dass ich ein Leben führe, das mir entspricht? Wie geht es meiner Seele dabei? Was kann ich tun, wie kann ich mich wehren, wenn ich mich drangsaliert, diskriminiert oder ausgebeutet fühle? Und wie können wir im Privaten, im Beruf und in der Öffentlichkeit miteinander umgehen, dass Toleranz und Verständigung gelingen? Wie können wir »den Muff von tausend Jahren« überwinden, den »Untertan« (Heinrich Mann) in uns, den autoritären Charakter hinter uns lassen und in eine partnerschaftliche Haltung mit Selbstachtung, Respekt und Wertschätzung hineinwachsen? Und zwar auch und gerade im Privaten: Ein *gelingendes Privatleben* durfte zu einer legitimen Herzensangelegenheit und zu einer erstrangigen Lebensherausforderung werden. Ein Leben in Liebe und im liebenden

Kampf verwirklicht sich beileibe nicht nur dort, aber dort zuallererst und zuallerletzt.

Jetzt plötzlich – »plötzlich« stimmt nicht, denn die Einsicht kam schleichend, für die einen früher, für die anderen später, die »Grenzen des Wachstums« des Club of Rome erschienen bereits 1972 – wird uns klar, dass unsere überaus erfolgreiche Lebensweise, basierend auf unglaublicher Energiegewinnung, die begrenzten Ressourcen dieses Planeten allzu schnell verbraucht und sein Klima derart erhitzt, dass auf Dauer ein menschliches Leben auf Erden prekär und fraglich wird, und das nicht nur an den Küsten. Große technische Errungenschaften der Zivilisation erweisen sich in Teilen als ein destruktiver Wahnsinn, der Luft und Wasser verschmutzt und die Lebensvielfalt auf Erden dramatisch dezimiert. Unser weithin behagliches Leben wird von einem zunehmenden Unbehagen unterspült, denn jeder, insbesondere wenn er wohlhabend ist, gehört zu den Anheizern des Erdklimas. Ein Umsteuern auf eine naturverträgliche Lebensweise wird zu einer unglaublich schwer zu leistenden Menschheitsaufgabe. Das gelingende WIE meiner Generation wird – nicht unwichtig, aber doch zweitrangig, wenn das WAS gefährdet ist. Ein erfülltes Leben in diesem neuen Daseinskontext wird sich anders definieren müssen. Alpha, Beta, Gamma, Delta und Omega werden ihre Bedeutung erhalten, aber sich gewiss neu akzentuieren – besonders Beta, die Sinnerfüllung unseres Daseins, kann der kollektiven Aufgabe nicht entrinnen, die Schöpfung zu bewahren und die dafür notwendige Transformation ohne Hauen und Stechen und ohne Massenverelendung hinzukriegen. Die Schöpfung zu bewahren, von der wir ein Teil sind. Immerhin haben wir mittlerweile gelernt, ein Problem als Dilemma zu erkennen und sodann als Herausforderung zu begreifen!

Zu guter Letzt wieder zu dir und deinem persönlichen Leben: Wenn du auf dem Sterbebett gefragt würdest: »Und? Wie war's?« – Dann wirst du vielleicht antworten, mit dreifacher Berechtigung: »Es war einmalig!« Denn erstens, du lebst wahrscheinlich nur einmal. Zweitens, dieses dein endliches Leben war ein einmaliges Geschehen in diesem unendlichen Universum – es war eine absolute Premiere, ohne jede Wiederholung. Und wenn es drittens zutrifft, dass das Glück die Erntefrucht eines erfüllten Lebens ist, dann mag, vielleicht, hoffentlich, bei dieser deiner Antwort auch die dritte Bedeutung ein wenig zutreffen: Es war einmalig (schön)!

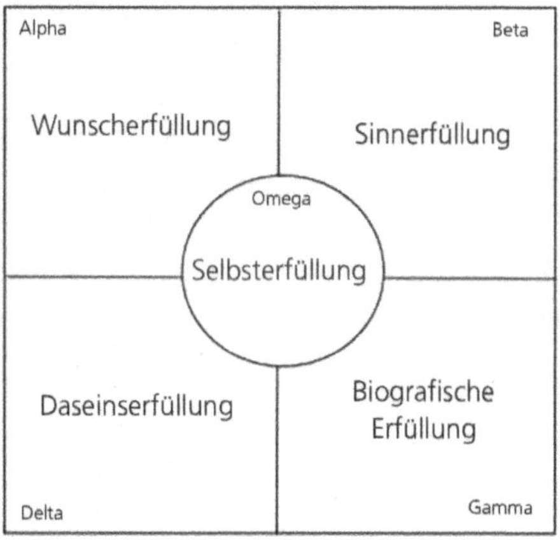

Abb. 34: Noch einmal und guter Letzt: Das 5-Felder-Modell eines erfüllten Lebens

ANMERKUNGEN

3 ERFÜLLUNG VOM TYPUS ALPHA: WUNSCHERFÜLLUNG

1 Inneres Team: ein gruppendynamisches Modell der Seele, siehe Schulz von Thun, Friedemann (1998): Miteinander reden: 3 – das Innere Team und situationsgerechte Kommunikation. Reinbek, Rowohlt Taschenbuch. – Siehe auch Kumbier, Dagmar (2013): Das Innere Team in der Psychotherapie. Stuttgart, Klett-Cotta

2 Goethe, Johann W. v.: Aus meinem Leben – Dichtung und Wahrheit, 2. Teil, 9. Buch

3 Mann, Thomas, »Monolog« von 1899. Die »Buddenbrooks« erschienen zwei Jahre später.

4 Kast, Verena (2014): Was wirklich zählt, ist das gelebte Leben. Freiburg im Breisgau, Verlag Herder, S. 107

5 Nidiaye, Safi (2017): Gefühle sind zum Fühlen da – das Handbuch vom positiven Umgang mit negativen Emotionen. München, Integral Verlag

6 Kast, Verena (2004): Schlüssel zu den Lebensthemen. Freiburg im Breisgau, Verlag Herder

7 Das berühmte Buch von Fritz Riemann »Grundformen der Angst« (1969, München, Reinhardt Verlag) hätte genauso gut den Titel »Grundformen der Sehnsucht« tragen können: (1) nach menschlicher Nähe und Geborgenheit, (2) nach Selbstbestimmung und Abstandswahrung, (3) nach Verwurzelung, Ordnung und Kontrolle sowie (4) nach Dynamik und Lebendigkeit im Leben.

8 Aus Hesse, Hermann (1975): Das Glasperlenspiel. Frankfurt am Main, Suhrkamp Taschenbuch

9 Schulz von Thun, Friedemann (1981, 1989, 1998, 2007): Miteinander reden: 1–4. Reinbek, Rowohlt Taschenbuch. Eine erste Einführung in das Werte- und Entwicklungsquadrat findet sich in Bd. 2, eine ausführliche und vertiefende Darstellung in Bd. 4 (Fragen und Antworten), sowie auch in dem Gespräch mit Bernhard Pörksen in: Pörksen, Bernhard, und Schulz von Thun, Friedemann (2014): Kommunikation als Lebenskunst. Heidelberg, Carl Auer Verlag, Kap. 6

10 Siehe hierzu ausführlich Schulz von Thun, Friedemann (2015): Von wem stammt das Werte- und Entwicklungsquadrat? In: SyStemischer – Zeitschrift für systemische Strukturaufstellungen 7/2015

11 Das Wertequadrat hat sich für die Analyse und für die Orientierung bei Streitfragen in Gesellschaft und Politik als sehr erhellend erwiesen, siehe hierzu Pörksen, Bernhard, und Schulz von Thun, Friedemann (2020): Die Kunst des Miteinander-Redens – über den Dialog in Gesellschaft und Politik. München, Carl Hanser Verlag

4 ERFÜLLUNG VOM TYPUS BETA: SINNERFÜLLUNG

1 Schleske, Martin (2011): Der Klang: Vom unerhörten Sinn des Lebens. München, Kösel

2 Frankl, Viktor E. (1982): Der Mensch vor der Frage nach dem Sinn. München, Piper, S. 147

3 Ebd., S. 148

4 Schmidbauer, Wolfgang (1977): Die hilflosen Helfer. Reinbek, Rowohlt

5 Frankl, Viktor E. (2002): Der unbewusste Gott – Psychotherapie und Religion. München, dtv, S. 75

6 Ruth Cohn (1912–2010) verließ Berlin 1933 als Jüdin rechtzeitig, gelangte über die Schweiz in die USA, lebte dort als Psychoanalytikerin und erfand die »Themenzentrierte Interaktionelle Methode (TZI)«, um Arbeits- und Lerngruppen sachgerecht und menschlich lebendig zu leiten. 1974 kehrte sie nach Europa zurück und lehrte im Berner Oberland (Schweiz). Seit 1977 hatte sie großen Einfluss auf mich und die Humanistische Psychologie. Die Universität Hamburg verlieh ihr 1979 die Ehrendoktorwürde. Siehe auch Cohn, Ruth, und Schulz von Thun, Friedemann (1994): Wir sind Politiker und Politikerinnen – wir alle! In: Standhardt, R., und Löhmer, C. (Hg.): Zur Tat befreien. Mainz, Matthias-Grünewald-Verlag

7 Rabindranath Tagore (1861–1941), indischer Dichter und Philosoph

8 Ikigai-Modell: hier nur die Grundstruktur, in Anlehnung an https://karrierebibel.de/ikigai-modell/ – die Überschneidungsfelder, wenn nur zwei der genannten Größen zutreffen, werden dort zusätzlich benannt.

9 Siehe hierzu Graeber, David (2018): Bullshit Jobs – Vom wahren Sinn der Arbeit. Stuttgart, Klett-Cotta

10 Szczesny, Gerhard (1971): Das sogenannte Gute. Reinbek, Rowohlt

11 Fromm, Erich (1992): Humanismus als reale Utopie. Der Glaube an den Menschen. Weinheim und Basel, Beltz-Verlag

12 Siehe Schulz von Thun, Friedemann: Miteinander reden: 1 (2020). Reinbek, Rowohlt, S. 236–241 – »Versuchen wir es doch mal mit Menschlichkeit!«

5 ERFÜLLUNG VOM TYPUS GAMMA: BIOGRAFISCHE ERFÜLLUNG

1 Die These, dass alles, was dir durch Zufall und Schicksal widerfährt und zustößt, in Wahrheit von deiner Eigenheit und deinem Charakter eingefädelt und eingebrockt ist, ist faszinierend und begründet in vielen Fällen einen aussichtsreichen Anfangsverdacht. Siehe Schuppener, Bernd (2013): Du bist dein Schicksal – zur Philosophie von Lebensweg und Charakter. Berlin, Parodos Verlag. – Die Hypothese zu verallgemeinern ist aber fragwürdig und besonders heikel, wenn jemand zum Opfer geworden ist.

2 Hesse, Hermann (2007): Narziss und Goldmund. Frankfurt am Main, Suhrkamp Taschenbuch, S. 291 f.

3 Niklaus Brantschen im Interview mit Edith Lier: 50 Plus Beobachter kompakt 12/2007, https://cdn.beobachter.ch/sites/default/files/fileadmin/user_upload/media/kompakt/12-07-08-Lebensfreude.pdf

4 Koestler, Arthur (1983): Als Zeuge der Zeit – das Abenteuer meines Lebens. Bern und München, Scherz Verlag

5 Sperber, Manès (1982): Bis man mir Scherben auf die Augen legt. All das Vergangene. München, dtv

6 Helmuth Donat: Die ZEIT, Nr. 22, 20.5.2020, S. 17

7 von Nohara, W. K. (o. J.): Theo boxt sich durch. Augsburg, Franz Schneider Verlag

8 Zum Beispiel das Buch zum kundigen Umgang mit Gefühlen, s. Anm. 5, Kap. 3

9 Die Sütterlinstube-Hamburg e. V.: www.suetterlinstube.de

10 Zur »Souveränität höherer Ordnung« s. ausführlicher Schulz von Thun, Friedemann (2004): Klarkommen mit sich selbst und anderen. Reinbek, Rowohlt Taschenbuch, S. 58 f., sowie Pörksen, Bernhard, und Schulz von Thun, Friedemann (2014): Kommunikation als Lebenskunst. Heidelberg, Carl Auer Verlag, S. 86 f.

11 Langer, Inghard, Schulz von Thun, Friedemann, und Tausch, Reinhard (2019): Sich verständlich ausdrücken. München, Reinhardt Verlag

12 In: Schulz von Thun, Friedemann (2004): Klarkommen mit sich selbst und anderen. Reinbek, Rowohlt Taschenbuch, S. 62 f.

13 Allerdings ist auch einzuräumen, dass manche destruktiven Anteile mancher Menschen in uns weiterleben und dort Unheil anrichten können – solange wir uns nicht von ihnen befreit haben.

14 Schulz von Thun, Friedemann (1981): Miteinander reden – Störungen und Klärungen. Reinbek, Rowohlt Taschenbuch. Spätere Erkenntnisse zum »Kommunikationsquadrat« finden sich in: Miteinander reden: 4: Fragen und Antworten (2007)

15 Gronemeyer, Marianne (1993): Das Leben als letzte Gelegenheit. Darmstadt, Wissenschaftliche Buchgesellschaft

16 Aus der Kantate »Ich habe genug«, Bach-Werkverzeichnis 82. – Es ist aber Zweifel angebracht, ob dieser Text wirklich ein damals vorherrschendes Lebensgefühl zum Aus-

druck bringt. Vielmehr nehme ich an, dass er vor allem diesen *Appell* enthält, ein solches Lebensgefühl zu entwickeln und nicht allzu sehr im Diesseits sein Heil zu suchen.

17 Zweig, Stefan (2003): Meisternovellen. Frankfurt am Main, Fischer Taschenbuch

18 Zweig, Stefan: Vierundzwanzig Stunden aus dem Leben einer Frau, in: ders., Meisternovellen, S. 373 u. 369

19 Musil, Robert (2009): Die Verwirrungen des Zöglings Törless. Roman. Reinbek, Rowohlt

6 ERFÜLLUNG VOM TYPUS DELTA: DASEINSERFÜLLUNG

1 Selbstverständlich ist die Evolutionstheorie mit der Annahme eines Gottes vereinbar – eines Gottes, der die Gesetze der Astrophysik, der Chemie, der Biologie erfindet und sich ihrer bedient, um seine Schöpfung zu verwirklichen. Und womöglich ist, was wir Gott nennen, nicht außerhalb des Geschehens, sondern mittendrin, auch in dir, in mir, in jedem Tier, in jeder Pflanze, in jedem Stein. Nach meinem Verständnis ist eine Erfüllung vom Typus Delta für Atheisten und für Gläubige aller Religionen gleichermaßen möglich, wenn auch jeweils anders gefärbt.

2 Richter, Horst-Eberhard (1997): Der Gotteskomplex – die Geburt und die Krise des Glaubens an die Allmacht des Menschen. Düsseldorf und München, Econ Taschenbuch

3 Freud, Sigmund (1953): Abriss der Psychoanalyse – das Unbehagen in der Kultur. Frankfurt am Main, Fischer Bücherei.

4 So die Formulierung auf dem Buchdeckel von Leky, Mariana (2017): Was man von hier aus sehen kann. Roman. Köln, DuMont Buchverlag

5 Kumbier, Dagmar (2019): Arbeit mit dem Inneren Team bei Krebs und anderen Erkrankungen. Stuttgart, Klett-Cotta, S. 277

7 ERFÜLLUNG VOM TYPUS OMEGA: SELBSTERFÜLLUNG

1 Largo, Remo H. (2017): Das passende Leben. Was unsere Individualität ausmacht und wie wir sie leben können. Frankfurt am Main, S. Fischer Verlag, S. 338

2 Die Stimmigkeitslehre ist das Herzstück der Hamburger Kommunikationspsychologie. Siehe dazu ausführlich Schulz von Thun, Friedemann (1998): Miteinander reden: 3, Kapitel 6: Inneres Team und Gehalt einer Situation. Reinbek, Rowohlt. Weiterhin Pörksen, Bernhard, und Schulz von Thun, Friedemann: Kommunikation als Lebenskunst, Kapitel 4: Das Ideal der Stimmigkeit. Heidelberg, Carl Auer Verlag

3 Stierlin, Helm (1994): Ich und die anderen. Psychotherapie in einer sich wandelnden Gesellschaft. Stuttgart, Klett-Cotta

4 Kurz, Wolfram (2005): Philosophie für helfende Berufe. Tübingen, Verlag Lebenskunst. Ich stimme sehr mit ihm überein, wenn er sagt: »Philosophieren bedeutet, sich einen Reim aufs Leben zu machen« und »Therapie ohne Philosophie ist Therapie ohne Substanz«.

5 Dürckheim, Karlfried Graf (1981): Vom doppelten Ursprung des Menschen. Freiburg im Breisgau, Verlag Herder

6 Zitat von Imre Kertész: https://www.zeit.de/2006/44/L-Kertesz/seite-2

7 Zitat von Jürgen Habermas (1988, Nachmetaphysisches Denken), zitiert von Martin Seel in: »Im Maschinenraum des Denkens«, Die ZEIT, Nr. 25/2019

8 Siehe hierzu ausführlich Zoller, Karen, und Nussbaumer, Paul (2019): Persönlichkeitsbewusste Mitarbeiterführung, besonders Kapitel 4: Führungsrolle. Wiesbaden, Springer Gabler

9 Ishiguro, Kazuo (2016): Was vom Tage übrig blieb. Roman. München, Heyne-Verlag. Die kursiv gesetzten Zitate finden sich (in der zitierten Reihenfolge) auf den Seiten 44, 43, 41, 43 und 42.

10 Rinser, Luise (1994): Mit wem reden. Frankfurt am Main, Fischer Taschenbuch

11 Dieser Satz von Sartre begleitet mich schon seit Jahrzehnten. Wo habe ich ihn gelesen? Wahrscheinlich in seinem Essay »Ist der Existentialismus ein Humanismus?«

12 Zeh, Juli (2018): Das Turbo-Ich – Der Mensch im Kommunikationszeitalter. Die Tübinger Mediendozentur – eine Veröffentlichung des Instituts für Medienwissenschaft und des SWR-Studios Tübingen, herausgegeben von Bernhard Pörksen und Andreas Narr.

13 Reckwitz, Andreas (2017): Die Gesellschaft der Singularitäten. Berlin, Suhrkamp

14 Lasch, Christopher (1980): Das Zeitalter des Narzissmus. München, Steinhausen

15 Maaz, Hans-Joachim (2012): Die narzisstische Gesellschaft – ein Psychogramm. München, Verlag C. H. Beck

16 Berschneider, Werner (2011): Wenn Macht krank macht – Narzissmus in der Arbeitswelt. Hünfelden, Präsenz-Verlag

17 Röhr, Heinz-Peter (2005): Narzissmus – das innere Gefängnis. Düsseldorf und Zürich, Patmos Verlag

18 Haller, Reinhard (2013): Die Narzissmusfalle. Salzburg, Ecowin Verlag

19 Wardetzki, Bärbel (1995): Weiblicher Narzissmus – der Hunger nach Anerkennung. München, Kösel-Verlag

20 Pörksen, Bernhard, und Schulz von Thun, Friedemann (2014): Kommunikation als Lebenskunst. Heidelberg, Carl Auer Verlag, S. 72 f.

21 Johnson, Stephen M. (2005): Der narzisstische Persönlichkeitsstil. Bergisch Gladbach, EHP – Verlag Andreas Kohlhage

8 ZU GUTER LETZT

1 Im Osten Deutschlands waren die Vorzeichen für ein erfülltes Leben anders gesetzt, und eine Erfüllung vom Typus Alpha, Beta, Gamma und Omega waren anders und schwerer zu erreichen. Jedes System erfordert die Entwicklung einer besonderen Lebenskunst, um froh zu werden und in Anstand und Würde durchzukommen, soweit das überhaupt möglich ist. Dass die Lebensläufe der Ostdeutschen mit westlichen Augen betrachtet zuweilen abschätzig beurteilt wurden, erwies sich als Problem für die gesamtdeutsche Vereinigung. Vermutungen über sehr unterschiedliche innere Teamaufstellungen von Ost- und Westdeutschen haben wir angestellt in: Kumbier, Dagmar, und Schulz von Thun, Friedemann (2006): Interkulturelle Kommunikation: Methoden, Modelle, Beispiele. Reinbek, Rowohlt Taschenbuch, S. 16–20